THULL:
FERNSEHKUNDE IN DER SCHULE

FERNSEHKUNDE IN DER SCHULE

Beispiele für die Praxis

von

Martin Thull

1977

VERLAG JULIUS KLINKHARDT · BAD HEILBRUNN/OBB.

CIP-Kurztitelaufnahme der Deutschen Bibliothek

Thull, Martin
Fernsehkunde in der Schule : Beispiele für d. Praxis. – 1. Aufl. –
Bad Heilbrunn/Obb. : Klinkhardt, 1977.
ISBN 3-7815-0343-7

1977. 8. Khg. Alle Rechte vorbehalten
Gesamtherstellung: Philipp Reclam jun., Stuttgart
Printed in Germany 1977
ISBN 3-7815-0343-7

vorweg

Diese Veröffentlichung ist Teil meiner Dissertation, die unter dem Titel "Gesellschaft - Fernsehen - Schule - Grundlagen und Inhalte einer Fernsehkunde dargestellt am Beispiel des Religionsunterrichts" im Herbst 1976 von der Philosophischen Fakultät der Rheinischen Friedrich-Wilhelms-Universität in Bonn angenommen wurde. Der nun vorliegende Teil wurde teilweise überarbeitet und in seinem Datenmaterial nach Möglichkeit aktualisiert.

Wenn im folgenden in erster Linie vom Fernsehen und seinen Möglichkeiten im Bereich der Schule gesprochen wird, so sollten darüber hinaus nicht die anderen Medien vergessen werden, die gleichfalls einen Platz im schulischen Unterricht beanspruchen und teilweise schon eingenommen haben. Fernsehkunde, wie sie hier vorgestellt wird, versteht sich als Ausschnitt einer umfassenden Kommunikationserziehung: einer Erziehung zu Kommunikation und einer Erziehung durch Kommunikation. Möglicherweise kann so die "kommunikative Einbahnstraße Fernsehen" in einem kleinen Bereich aufgebrochen und erreicht werden, daß gezielt und informiert über das bestehende Angebot gesprochen werden kann und dieses hinterfragt wird. Außerdem sollte versucht werden, mit Schülern alternatives Denken einzuüben. Ziel ist, das Medium Fernsehen als Kommunikationsapparat zu sehen, und zu lernen, eigenen Bedürfnissen und Ansprüchen entsprechend zu nutzen.

Dem Verleger, Herrn Julius Klinkhardt, danke ich für die vertrauensvolle Zusammenarbeit und für die Aufnahme dieser Veröffentlichung in sein Programm.

Dem Einsatz und dem Verständnis meiner Frau verdanke ich viel.

Bonn, im Frühjahr 1977   mt

INHALT

Seite

vorweg 5

1. GESELLSCHAFTLICHE BEDINGTHEITEN DES FERNSEHENS 9
   Eine Einleitung

   1.1   Fernsehen und Gesellschaft 11
   1.2   Fernsehen und Sozialisation 14
   1.3   Fernsehen und Wirklichkeit 18

2. MÖGLICHE GRUNDLAGEN EINER FERNSEHKUNDE 21

   2.1   Kommunikation als Gegenstand pädagogischer Überlegungen . 21
   2.11 Kommunikative Kompetenz 28
   2.12 Axiome der Kommunikation 32

   2.2   Kommunikationserziehung 37

   2.3   Medienerziehung 41

3. BEISPIELE FÜR EINE SCHULISCHE FERNSEHKUNDE 45

   3.1   Nachrichtensendungen im Fernsehen 49
   3.11 Dramaturgischer Aufbau 52
         - Personalisierung
         - Isolierung
         - Stabilisierung
         - Ritualisierung
   3.12 Formale Darbietung 73
         - Sprecher
         - Initiation
         - Finale
         - Wort-Bild-Kombination
   3.13 Audiovisuelle Umsetzung 83
         - Wort
           Code
           Innovation und Redundanz
         - Bild
           Film
           Standfoto
           Grafik
   3.14 Zusammenfassende Überlegungen 1oo

3.2 Serien des Werberahmenprogramms 1o4
3.21 Dramaturgischer Aufbau 112
- Identifikationsangebot
- Standardisierung
- Ideologisierung
- Kompensierung
3.22 Formale Darbietung 139
- Wiederholungscharakter
- Zeitliche Fixierung
- Aktualisierung
- Klischeebildung
3.23 Audiovisuelle Umsetzung 146
- Stereotypisierung
- Funktionalisierung
3.24 Zusammenfassende Überlegungen 153

3.3 Skizzen weiterer Beispiele 156
- Arbeitswelt im Fernsehen
- Frauen und Frauenfragen im Fernsehen
- Friedenserziehung und Fernsehen

3.4 Zusammenfassende Überlegungen 169

4. FERNSEHEN UND VIDEOTECHNIK 171

5. ABKÜRZUNGEN UND LITERATUR 177

5.1 Abkürzungsverzeichnis 177

5.2 Literaturverzeichnis 178

1. GESELLSCHAFTLICHE BEDINGTHEITEN DES FERNSEHENS

Eine Einleitung

Im Laufe ihrer Geschichte hat die Schule immer wieder Bereiche und Gegenstände des täglichen Lebens mit in ihren Unterricht einbezogen. Sie konnte so zumindest vordergründig vermeiden, ausschließlich einem "höheren" Bildungsideal zu dienen. Ihr gelang dadurch auch, über die Schule hinaus zu wirken. Denn sie ließ auf diese Weise zu, daß außerschulische Bereiche Einfluß nahmen und Eindruck machten auf den Unterricht und auf die an ihm Beteiligten. Insofern kann auch die Beschäftigung mit Sendungen des allgemeinen Fernsehprogramms innerhalb des schulischen Unterrichts als in dieser Tradition stehend aufgefaßt werden.

Denn Fernsehen ist wie Schule Teil dieser Gesellschaft und wird von ihr bestimmt. Fernsehen aber bestimmt auch seinerseits, wie die Schule, gesellschaftliches Leben. Allerdings stellt sich die Problematik dieses Mediums wie zwischen zwei Polen dar: "Das Fernsehen ist, insgesamt gesehen, ein Unterhaltungsmedium." (G.Dahlmüller u.a., 1973, S.9o) und "Als Ganzes hat Fernsehen Nachrichtencharakter." (K.Richter/G.Schatzdorfer, 1973, S.135) Diese beiden zunächst so gegensätzlichen Aussagen lassen sich zwar kategorisieren in eine inhaltliche und eine formale Dimension, sie bilden aber auch die Richtschnur für eine Fernsehkunde, die die Schüler nicht nur zum kritischen und emanzipierten Gebrauch dieses Mediums Fernsehen anleiten, sondern auch dessen kommunikative Elemente in den Vordergrund heben will. Dabei bleibt die ständige Frage, ob nicht das Fernsehprogramm und seine Darbietung sowie die Eigengesetzlichkeiten des Mediums zu uneindeutigen Aussagen und Charakterisierungen führen müssen.

Deshalb will diese Veröffentlichung Anregungen geben für die Beschäftigung mit Sendungen des Fernsehens in vielen Bereichen. Zwar ist erster Adressat die Schule, aber auch die Bereiche der Erwachsenen- und außerschulischen Jugendbildung werden hier ebenso Anregungen finden wie möglicherweise auch allgemein Fernsehmacher und -zuschauer. Bevor aber ausführlich an zwei Beispielen - den Fernsehnachrichten und den Serien des Werberahmenprogramms - Strukturmerkmale dieser Sendeformen erörtert und dargestellt werden, sind noch einige Vorbemerkungen allgemeiner Art nötig, die die Beispiele und das an ihnen zu Demonstrierende verständlich machen.

Es sind dies die wechselseitigen und gegenseitigen Beeinflussungen zwischen dem Medium auf der einen Seite und der Gesellschaft, der Sozialisation und der Wirklichkeit auf der anderen Seite. Ohne Anspruch auf Vollständigkeit erheben zu wollen - auch das Verhältnis des Fernsehens zu Politik, Wirtschaft oder Technik wäre bedenkenswert - wird mit ihnen doch ein breites Spektrum dessen deutlich, was Fernsehen bewirken kann. Allerdings auch, wie auf Fernsehen eingewirkt oder Druck ausgeübt wird.

In einem zweiten Kapitel werden die pädagogischen Rahmenbedingungen für eine Fernsehkunde abgesteckt, wobei die kommunikative Komponente hervorgehoben wird. Besonderes Gewicht wird dabei darauf gelegt, die kommunikative Kompetenz des jungen Menschen zu bilden und zu festigen.

1.1 Fernsehen und Gesellschaft

Ähnlich wie die Schule eine staatliche Einrichtung ist, ist das Fernsehen eine gesellschaftliche. Während die Schule die Aufgabe hat, das gesellschaftliche Niveau zu reproduzieren und nach Möglichkeit weiterzuentwickeln, soll das Fernsehen neben den anderen Medien "eine kritische und kontrollierende Öffentlichkeit" herstellen und "politische wie ökonomische Herrschaft öffentlicher Kritik und Kontrolle" unterwerfen. (H.Holzer, 1972.2, S.13) Zudem haben die Massenmedien Orientierung, Aufklärung und Bildung einer rational begründbaren Meinung des einzelnen und Kritik und Kontrolle zu gewährleisten. (H.Holzer, 1972.2, S.136) Dies kann dann zu einer größeren Politisierung der Gesellschaft führen, die einmal die Mitwirkungschancen des einzelnen bei der Bestimmung seiner existentiellen Situation erhöht und zum anderen die Artikulationsmöglichkeiten gesellschaftlicher Gruppierungen erleichtern kann. (s.H.Schatz, 1972, S.1o9) Vorausgesetzt, Ideal und Wirklichkeit stimmen überein.

Tatsache ist aber, daß die "gouvernementale Komponente" (so H.Schatz, 1972, S.115f) im Fernsehen weitgehend die bestehenden Strukturen stabilisiert und vorherrschende Rollenklischees reproduziert. Daran ändern auch die unterschiedlich zusammengesetzten Kontrollgremien der öffentlich-rechtlichen Anstalten nichts, die in ihnen stattfindende gegenseitige Kontrolle der einzelnen Positionen führt vielmehr im Endeffekt zu einer "Abstrahlung generalisierter Programme" (O.Negt/A.Kluge, 1973.2, S.176), die pointierte Stellungnahmen politischer wie künstlerischer Art unmöglich machen.

Zum Programmauftrag der Fernsehanstalten gehört ausdrücklich neben Unterhaltung und Information auch Bildung der Zuschauer. Unabhängig davon, daß der zeitliche und materielle Aufwand in dieser Reihenfolge für die verschiedenen Sparten abnimmt, stellt sich auch die Frage, ob man das Programmangebot so eindeutig unterscheiden kann, wie dies in der Formulierung des Gestaltungsauftrages geschieht.

So wäre es eine unzulässige Verkürzung, wollte man bildenden Charakter nur Sendungen des sogenannten Bildungsfernsehens zusprechen. Denn wenn man den Bildungsbegriff sehr weit faßt und unter ihm das Hervorrufen einer Veränderung in Verhalten oder Denken eines Menschen versteht, dann hat auch das allgemeine Fernsehprogramm unter verschiedenen Gesichtspunkten bildende Dimensionen: es wirkt auf Tagesablauf der Familien und die Terminierung bei Vereinen, auf die Heranbildung bestimmter Vorurteile oder die Bestätigung unterschiedlicher Erwartungen.

Ebensowenig wird man erwarten können, daß Unterhaltung keine bildende Faktoren beinhalte. Denn viele Unterhaltungssendungen sind gesellschaftlich sicher bedeutsamer als manche politischen Aufklärungssendungen. (s.R.Merkert, 1970, S.3) Unterhaltung wird dann eine bildende Dimension zuzusprechen sein, wenn sie sich bemüht, zuschauerrelevant zu sein, was eine Berücksichtigung der Zuschauerinteressen und -bedürfnisse voraussetzt. Dies würde auch bedeuten, daß Auseinandersetzungen mit "Problemen unserer Existenz" nicht aufgehoben oder bagatellisiert, sondern aufgegriffen und vermittelt werden. (s.R.Schulz, 1967, S.195)

Ein zweiter Aspekt des Verhältnisses von Fernsehen und Gesellschaft ist noch wichtig: die ökonomische Komponente. Die Funkmedien unterliegen ähnlich der Presse den Gesetzmäßigkeiten industrieller Produktionsweise. Zwar sind sie nicht darauf aus - als öffentlich-rechtliche Einrichtungen -, Gewinne zu erwirtschaften, dennoch müssen auch sie bestrebt sein, kostendeckend zu arbeiten, Kapazitäten rationell zu nutzen und die Produktion durch Arbeitsteilung möglichst kostensparend durchzuführen. Hinzu kommt, daß Fernsehanstalten bestimmte Bedürfnisse ihres Publikums zu befriedigen versuchen, andererseits aber auch durch die Bereitstellung von Werbezeiten bestimmte, teilweise andere Bedürfnisse wecken. Deshalb liegt die Gefahr nahe, daß sie einer zunehmenden Kommerzialisierung zum Opfer fallen.

Diese wechselseitige Abhängigkeit der Programmindustrie einerseits von den wirtschaftlichen Möglichkeiten der Fernsehanstalten sowie von den Ansprüchen und Bedürfnissen des Publikums und der veröffentlichten Meinung andererseits führt ebenso wie der Verzicht auf engagierte Stellungnahmen zu einer Nivellierung des Programmangebots. Hinzu kommt die zunehmende Bürokratisierung der Anstalten, die kreatives und spontanes Arbeiten zumindest erschwert. Insgesamt Gesichtspunkte, die bei einer Analyse des Fernsehprogramms zu berücksichtigen sind, da sie die Hintergrundfolie abgeben für das tägliche Programmangebot.

1.2 Fernsehen und Sozialisation

Versteht man unter Sozialisation den lebenslangen Prozeß, in dem der Mensch lernt, autonom zu handeln, das heißt, er innerhalb dieses Prozesses in die Lage versetzt wird, im aktiven, kommunikativen Umgang mit anderen Menschen seine spezifischen, sozial-relevanten Verhaltens- und Erlebnisformen zu entwickeln, dann muß auch die Rolle des Fernsehens innerhalb dieses Prozesses beachtet werden. Allerdings können in diesem Zusammenhang nur einige wenige Gesichtspunkte genannt werden, im übrigen aber nur auf die einschlägigen Untersuchungen und Überlegungen verwiesen werden.

Am ehesten lassen sich Sozialisationswirkungen des Fernsehens im Bereich der Primärgruppen beobachten. Gerechtfertigt wird dies auch durch den Nachweis der Wichtigkeit der habituellen Situation des Rezipienten bei der Aufnahme des Fernsehprogramms. (s.M.Kohli, 1976) Die Sozialisationseffekte des Fernsehens entstehen über soziale Beziehungen im Rahmen von Familie, Kameraden und Schule, indem sie einerseits die Rezeption der Sendungsinhalte durch die Kinder festlegen und andererseits selber durch das soziale Gewicht des Fernsehens im Alltag verändert werden. (s.P.Hunziker u.a., 1973, S.383) Entscheidend sind demnach die bestehenden sozialen Beziehungen, in denen entweder eine Sendung gesehen und aufgenommen wird, weil in ihnen diese Sendungen auch inhaltlich verarbeitet werden. Das kann im konkreten Fall etwa bedeuten, daß Außenkontakte in Form von Besuchen reduziert werden oder die Glaubwürdigkeit des Fernsehens relativ hoch angesetzt wird.

Es kann als gesichert angesehen werden, daß Jugendliche wie Erwachsene nicht innerhalb der Familie über das Gesehene sprechen, dies vielmehr in den außerfamiliären Bereich verlagern. Außerdem kann gesagt werden, daß das Fernsehen inzwischen zu einer Art Sucht geworden ist. Versuche haben gezeigt, daß Fernsehteilnehmer bei einem Verzicht schon bald Entzugserscheinungen aufweisen, vergleichbar denen bei Alkohol- und Drogenmißbrauch. Erst nachdem der Fernsehapparat wieder eingeschaltet war, fielen die Testpersonen wieder in ihre alten Lebensgewohnheiten zurück.[1]

Immer stärker in die Diskussion gerät eine andere Fragestellung im Zusammenhang mit den Sozialisationswirkungen des Fernsehens: welchen Einfluß können Gewaltdarstellungen im Fernsehen auf aggressives Verhalten nehmen? Trotz einer Fülle von Untersuchungen lassen sich eindeutige Antworten oder monokausale Zusammenhänge nicht finden. Festzuhalten ist aber auch, daß Gewaltdarstellungen im Fernsehen nicht getrennt werden dürfen von gewaltbeinhaltendem Verhalten im gesellschaftlichen Leben überhaupt. Dabei ist sehr wohl zu unterscheiden zwischen verschiedenen Formen von Gewaltausübung und Gewalterduldung. So gibt es Gewalt, die legitimiert ist durch ent-

---

[1] vgl. zu den Experimenten H.v.Kügelen, 1975, S.II; G.Dahlmüller u.a., 1973, S.361f; SZ vom 23.2.1976 und 26.2.1976, ebenso FR vom 26.2. 1976

sprechende Rollen und Situationen, aber auch Gewalt, die sanktioniert wird, sofern sie nicht von vorneherein in eben diese Rollen oder Situationen gehört.

Die verschiedenen Erklärungsversuche aggressiven Verhaltens lassen sich in zwei Gruppen einordnen. Die eine - Katharsis-, Habitualisierungs- und Inhibitionstheorie - sieht in der Gewaltdarstellung im Fernsehen nicht unbedingt eine aggressionsfördernde Wirkung bei den jeweiligen Zuschauern. Sie sprechen im Gegenteil von einer aggressionsverhindernden oder zumindest aggressionshemmenden Wirkung. Die Vertreter der anderen Gruppe - Stimulations- und Lerntheorie - hingegen sehen in den Darstellungen gewaltsamen Inhalts eine Art Vorbildfunktion und in der Nachahmung solchen Verhaltens durch Zuschauer eine Gefahr.

Ebensowenig, wie die Problematik des Zusammenhangs von Gewaltdarstellungen im Fernsehen und daraus folgendes aggressives Verhalten von Zuschauern hier erschöpfend diskutiert werden kann [2], ebensowenig lassen sich umfassende Schlußfolgerungen ziehen. Dennoch sollen verschiedene Gesichtspunkte etwas stärker hervorgehoben werden.

Einmal ist davon auszugehen, daß es eine Unterscheidung gibt zwischen Schießereien im Fernsehen und Schlägereien. Spielen Kinder

---

[2] vgl. zu diesem Zusammenhang besonders H.Selg (HG), 1971, und ders., 1972

Schießereien mit gedachten oder nachgebastelten Gewehren oder Revolvern nach, so ist dies nicht zu begrüßen, aber nicht sehr gefährlich, was die mögliche Verletzungsgefahr anbetrifft. Anders ist es bei leicht beschaffbaren "Waffen" wie Knüppeln oder Flaschen. Denn bei ihrer Anwendung birgt auch das kindliche Spiel die Gefahr einer ernsthaften Verletzung in sich. Ganz zu schweigen von den Verletzungen, die durch die Nachahmung von Kung-Fu-Szenen entstehen können und bereits entstanden sind. Und abgesehen von dem Umstand, daß in solch aggressivem Verhalten sich eine entsprechende Denkart unmittelbar äußert, die sich bei Erwachsenen in subtileren Formen bemerkbar macht.

Schließlich sollte nicht übersehen werden - vorausgesetzt, aggressives Verhalten kann in bestimmten Situationen unter bestimmten Bedingungen gelernt werden -, daß nichtaggressives, prosoziales Verhalten erlernt werden kann. Ausgehend von dieser Hypothese wären Programme zu fordern, die genau diese Alternative anbieten. Wobei sie von einer besonderen Attraktivität sein müßten, damit sie die Zuschauer ebenso fesseln, wie es die Programme mit aggressivem Inhalt offensichtlich können.

Eine Fernsehkunde, die hier ihren Ansatz sucht, müßte beispielsweise zeigen, daß nicht aggressives, also dissoziales Verhalten zum Erfolg führt, sondern auch und gerade soziales. Ihr muß es gelingen, prosoziales, also kommunikatives und mitverantwortliches Verhalten so zu verstärken, daß eine Kompensation zu dem asozialen gewaltsamen Verhalten vieler Fernsehhelden entsteht und der Eindruck vermieden wird, die Probleme im persönlichen wie im gesellschaftlichen Rahmen ließen sich durch Gewalt eher lösen als gewaltlos.

1.3 Fernsehen und Wirklichkeit

Fernsehen kann nur einen Ausschnitt der Wirklichkeit zeigen. Dadurch aber schafft es selber wieder eine neue Wirklichkeit. Die Gefahr besteht darin, daß dieser Ausschnitt, diese neue Wirklichkeit, vom Zuschauer für die ganze genommen wird. Zumal in den seltensten Fällen die Auswahlkriterien bekannt sind oder die Möglichkeit besteht, Informationen durch andere Medieninhalte zu ergänzen.

Die Medien allgemein, wegen der technischen Möglichkeiten aber besonders das Fernsehen, schaffen eine eigene Realität. Diese Medienrealität stimmt aber immer nur teilweise mit tatsächlichen Ereignissen und Vorgängen überein, da bestimmte Auswahlmechanismen auf Seiten der verschiedenen Mittler wie auf Seiten der verschiedenen Empfänger in Gang kommen. Nachrichten jedweder Art sind demnach nicht so sehr Wiederspiegelung von Ereignissen, sondern in erster Linie Interpretation und Verdeutlichung von Geschehen.[3] Wirklichkeit ist so immer gleichzeitig auch interpretierte Wirklichkeit, subjektiv beeinflußt, aber auch subjektiv wahrgenommen. Erst durch Reduktion subjektiver Einflüsse oder Addition unterschiedlicher Einsichten ließe sich in Näherungswerten so etwas wie Objektivität - Wirklichkeitsbeschreibung - finden.

---
[3] vgl. dazu W.Schulz, 1976, bes. S.28; auch P.Watzlawick, 1976, sieht Wirklichkeit ähnlich konstruiert: als Ergebnis der zwischenmenschlichen Kommunikation

So kann man auch davon ausgehen, daß im Grunde eine Transformation der Wirklichkeit stattfindet, wenn im Fernsehen etwas dargestellt wird. Und dies nicht nur bei Tagesschaubeiträgen oder politischen Magazinen. Es geht dabei ebenso um Sportübertragungen oder Theateraufführungen, Tierfeatures oder Kulturberichte. Es hat den Anschein, daß aus dieser Fülle der verschiedenen Programmbeiträge lediglich ein einziger herausfällt: die Ziehung der Lottozahlen. Hier wird Wirklichkeit in einem begrenzten Raum geschaffen und vermittelt. Dabei spielt es überhaupt keine Rolle, ob diese Ziehung mit großem Aufwand inszeniert wird oder in kleinem Rahmen stattfindet. Selbst wenn die Uhr im Hintergrund falsch ginge, würde sich der Inhalt und die Aussage der Sendung nicht ändern. Es bliebe bei den sieben Zahlen. Insofern kann man diese Sendung als die einzige der Wirklichkeit entsprechende, weil selbst erst Wirklichkeit schaffende Sendung des Fernsehens in der Bundesrepublik Deutschland bezeichnen.

Fernsehen trifft auf eine Wirklichkeit, die bei jedem Zuschauer anders geschaffen beziehungsweise internalisiert worden ist. Die vom Fernsehen gebotene Wirklichkeit wiederum wird ebenfalls von den Zuschauern jeweils eigenständig in die bereits internalisierte Wirklichkeit einbezogen. Ausfluß dessen ist neben anderem die oft unterschiedliche Reaktion auf ein und dieselbe Sendung.

So könnte Unterricht die Wirklichkeit, die das Fernsehen vermittelt, so isolieren, daß ihre Überprüfung aus der eigenen Erfahrung wie mit entsprechenden Hilfsmitteln möglich sein kann. Das bedeutet beispielsweise: die von der Tagesschau vermittelte Wirklichkeit von Ereignissen im Nahen Osten überprüfen anhand von Reiseprospekten, Meldungen in Zeitungen, Zeitschriften und Illustrierten verschiedener Ausrichtungen, mögliche Augenzeugen befragen und ähnliches mehr.

Nun kann Fernsehen nicht nur Ausschnitte der Wirklichkeit vermitteln, sondern auch selber Wirklichkeit schaffen. Als Beispiel wurde schon die Ziehung der Lottozahlen genannt. Es geschehen nämlich bestimmte Ereignisse oder Aussagen erst, weil Fernsehkameras zugegen sind, die dies aufnehmen und weiterverbreiten. Zu erinnern wäre hier an die Unterhaltungssendung "Spiel ohne Grenzen" oder in anderer Form die Eskalation bei Demonstrationen, wenn Demonstranten durch die laufenden Kameras die Möglichkeit sehen, ihre Ziele weit bekannt zu machen und sich zu besonders provokantem Verhalten ermuntert fühlen: beide Beispiele werden erst durch die Anwesenheit des Vermittlungsmediums Realität.
(s.J.Kob, 1964, S.1o5)

2. MÖGLICHE GRUNDLAGEN EINER FERNSEHKUNDE

2.1 Kommunikation als Gegenstand pädagogischer Überlegungen

Der Mensch ist als soziales Wesen auf Kommunikation angewiesen. Er bedarf des zwischenmenschlichen Kontaktes in jeglicher Form, um sich selbst voll entfalten und Gemeinschaft bilden zu können. Dabei wird Kommunikation als Verhalten schlechthin verstanden, also keineswegs auf sprachliche Verkehrsformen beschränkt. Faßt man also menschliches Leben als durch Kommunikation bestimmt, so fällt es nicht schwer, die Bedeutung der Kommunikation für Schule und Unterricht, für Erziehung überhaupt zu ermessen. Schulischer Unterricht und außerschulische Erziehung stellen sich dann dar als kommunikative Interaktionen.

Nicht nur primäre, also unmittelbare Kommunikation gehört in diese Überlegungen, sondern genauso die mediale, vermittelte Kommunikation. Insofern beinhaltet Kommunikationserziehung - also Erziehung sowohl durch Kommunikation wie zu Kommunikation - auch eine Medienerziehung, die nicht nur den medialen Aspekt dieser Kommunikationsinstrumente beachtet, sondern ihren kommunikativen Charakter in den Vordergrund stellt.

So könnte der Begriff der Kommunikation als das gemeinsame Strukturelement von Erziehungs- und Kommunikationswissenschaft angesehen werden.[1] Mit Hilfe von Kommunikation werden Informationen vermittelt - gleichermaßen im Erziehungs- wie im Kommunikationsprozeß. Im Ver-

---
[1] vgl. entsprechend C.W.Müller/A.Riechert, 1969, S.17

mittlungsaspekt sieht auch D.Baacke das gemeinsame Element, das beide Wissenschaften miteinander verbindet: "Diese (die Erziehungswissenschaft; MT) reflektiert, organisiert und betreibt die Vermittlung kultureller Traditionen von Generation zu Generation (Vermittlung von Lerninhalten ist Kern jeden Unterrichts) sowie der Techniken und sozialen Chancen, damit jeder einzelne in der Lebenspraxis seine gesellschaftsbezogene Autonomie auch zukünftig behaupten kann (Korrektur des Traditionskanons). ... Die Kommunikationswissenschaft leistet die Beschreibung. Analyse und Erklärung dieses Vermittlungsprozesses in den intentional wie auch funktional bestimmten Lebensbereichen." (1972, S.33) Während also die Erziehungswissenschaft sich mit Auswahl und Übertragung von Inhalten und Absichten auf den Rezipienten befaßt, untersucht die Kommunikationswissenschaft die Bedingungen, die diese Interaktionen zustande kommen lassen.

Setzt man voraus, daß der homo educandus zugleich ein homo communicator ist (s.D.Baacke, 1975.2, S.254), so ist gleichzeitig vorauszusetzen, daß das eine, die Erziehbarkeit, auch das andere, die Kommunikationsfähigkeit, bedingt. Nun ist aber weiter zu fragen, ob es eine Grenze gibt, die erreicht werden kann. Ob also der zu Erziehende irgendwann einmal "erzogen" ist, also homo educatus ist. Nach den Überlegungen und Ergebnissen der Sozialisationsforschung ist diese Frage zu verneinen. Danach ist der Sozialisationsprozeß als lebenslang anzusehen, als education permanente. Insofern ist dann aber auch die Kommunikationsfähigkeit des Menschen nie erschöpft. Da sie einerseits generelle Voraussetzung für Erziehung, Lernen und Sozialisieren ist, andererseits aber auch von diesen Vorgängen, seien sie passiver oder aktiver Art, nicht zu trennen ist, gilt auch aufgrund dieses Gedankenganges: es ist unmöglich, n i c h t zu kommunizieren. Das Permanenzaxiom der Kommunikation bestätigt sich. Da aber jeder Kommunikationsvorgang auch erzieherisch wirkt, ist es ebenso unmöglich, n i c h t zu erziehen beziehungsweise erzogen zu werden.

Welche Bedeutung aber hat dies nun für Schule im allgemeinen, für Fernsehkunde im besonderen? Es besteht kein Zweifel, daß Kommunikationsprozesse in der Schule thematisiert werden müssen. Erziehungsvorgänge sind als kommunikatives Verhalten zu verstehen, Störungen als solche, im kommunikativen Bereich angesiedelte, zu erkennen und zu beheben:

Die Axiome der Kommunikation [2] bieten - gesehen unter "therapeutischen" Gesichtspunkten - das notwendige Instrumentarium. Verschiedene Fächer sind eher als andere geeignet, von ihren Inhalten und Strukturen her, Kommunikation zu thematisieren: in Kommunikation einzuüben und kommunikative Kompetenz auszubilden.

Zu denken ist in erster Linie an die sprachlichen Fächer, da Sprache schließlich das als erstes bewußt werdende Medium der Kommunikation ist. Hier vor allem zu nennen ist wiederum der muttersprachliche

---
[2] vgl. dazu bes. P.Watzlawick u.a., 1971; D.Baacke, 1975.2

Unterricht, in dem kommunikative Interaktionen auf sprachlicher Ebene analysiert werden können.

Es sind aber gerade auch solche Fächer nicht zu vergessen, in denen gesellschaftliche Zusammenhänge verdeutlicht und soziale Verhaltensweisen erlernt und eingeübt werden sollen: die gesellschaftswissenschaftlichen Fächer beispielsweise. Hier werden besonders nichtsprachliche Kommunikationen im Mittelpunkt der Überlegungen stehen.

Um nicht mißverstanden zu werden: es kann nicht darum gehen, beispielsweise einen Kurs "Kommunikation" einzurichten. Die Thematisierung gesellschaftlicher ebenso wie unterrichtlicher Kommunikationsformen und -inhalte ist Bestandteil schulischer Erziehung überhaupt und nur fächerübergreifend zu verwirklichen und sinnvoll. Allerdings ist es in bestimmten Fächern einfacher, Kommunikation zum Gegenstand des Unterrichts zu machen, sinnvoll ist es in allen. Auch, aber nicht primär, unter dem Gesichtspunkt, eine größere Effektivität zu erreichen.

Es dürfte deutlich sein, daß es nicht um eine Medienkunde geht, in der technische und andere Kenntnisse über die Medien vermittelt werden. Vielmehr muß es "um der Entfaltung des Menschen und der Gesellschaft willen auf die Durchschaubarkeit der Kommunikation und auf sachentsprechendes Kommunikationsverhalten" ankommen. (H.Wagner, 1975, S.11) Demnach gilt es, nicht einen Mediennutzer zu formen, sondern einen Kommunikationspartner, der die Strukturen gesellschaftlicher, personaler und medialer Kommunikation zu durchschauen vermag und sie so anwenden kann, daß sie ihm dienstbar sind.

Deshalb werden am Schluß der jeweiligen Abschnitte auch in einem Lernzielkatalog die Ziele im einzelnen aufgeführt, die erreicht werden müssen, will man den Schüler dazu befähigen, "Partner in der Kommunikation der Gesellschaft" zu sein. (H.Wagner, 1975, S.12)

Diese Gesellschaft ist zwar zunehmend geprägt durch technische Medien, die das vermitteln, was meist durch eigene und unmittelbare Erfahrung nicht erreicht werden kann. Nimmt die technische Vermittlung also immer größeren Raum ein, so vergrößert sich entsprechend die Bedeutung der interpersonalen Kommunikation für das Zusammenleben einer Gesellschaft. Es gilt also, auf den Überlegungen der Kommunikationspädagogik gründend, diese interpersonale Kommunikation zu vergrößern, zumindest Mittel zur Verfügung zu stellen, die diese Verhaltensformen verstärken und ausbilden.

In den Überlegungen der Kommunikationspädagogik spielt aber auch der Bereich der Massenkommunikationsmittel eine Rolle, weil sich beispielsweise ein Teil der interpersonalen Kommunikation - am Arbeitsplatz oder in der Schule - auf Erfahrungen mit diesen Medien stützt. Dies wurde früher schon erwähnt. Außerdem können in den Strukturen der Kommunikation in Beiträgen der Massenmedien kommunikative Verlaufsformen und Verhaltensweisen deutlich gemacht werden, die auch auf das zwischenmenschliche Verhalten übertragbar sind. Oder vor deren Fehlentwicklungen für den eigenen persönlichen Bereich gewarnt werden kann.

Insofern ist die Beschäftigung mit Medien in der Kommunikationserziehung sinnvoll, wenn der Kommunikationsaspekt der Medien im Vordergrund steht. Dabei sollte man sich allerdings bewußt sein, daß von Kommunikation im eigentlichen Sinne erst dann gesprochen werden kann, wenn ein unmittelbarer Austausch stattfindet zwischen Sender und Empfänger, wenn also feedback zum Essential der Kommunikation wird. Daß dies bei den Massenmedien nicht der Fall ist - sieht man vom Telefon als Massenmedium ab - ist offensichtlich. Hier findet eher ein Transmissions- als ein Kommunikationsvorgang statt.

Dennoch gibt es in den Massenmedien auch Aspekte und Elemente der Kommunikation. Sie herauszuarbeiten kann Aufgabe der Kommunikationserziehung sein, allerdings nicht ihre einzige und vorrangige. Wichtig ist nicht so sehr, die Kommunikationsstrukturen zwischen Fernsehen und Rezipienten zu untersuchen, sondern vielmehr, im Medium selbst solche Strukturen aufzuzeigen und ihre mögliche Wirkung auf die Zuschauer darzulegen.

Kommunikationserziehung kann als Oberbegriff nicht nur für die Medienerziehung verstanden werden, sondern für schulische und andere Erziehung überhaupt. Erziehung allgemein geschieht immer kommunikativ. Von Kommunikationserziehung kann aber erst dann gesprochen werden, wenn nicht nur Erziehung d u r c h Kommunikation geschieht, sondern auch Erziehung z u Kommunikation. Durch diese zweite Dimension erhält dann auch Erziehung eine emanzipatorische Komponente. Allerdings ist sie nicht durch irgendeine Automatik möglich, da bereits gezeigt wurde, daß nicht n i c h t kommuniziert werden kann. Es ist also durchaus möglich, daß auch nicht-emanzipatorisch kommuniziert werden kann. Emanzipatorische Kommunikation allerdings ermöglicht Selbstbestimmung und gründet auf selbstbestimmende Erziehung, die eine Erziehung überwindet, die sich allein auf Verbote und Normen stützt. (s.D.Baacke, 1969, S.5of)

Zu dieser Kommunikationserziehung gehört dann auch die Erziehung zum kritischen Gebrauch der Kommunikationsmittel. Als handlungsorientierte Erziehung schließt sie auch andere Formen kommunikativen Verhaltens ein wie schriftlichen und mündlichen Ausdruck, Zeichenverständnis im Sinne von Codierung und Decodierung sowie das Erlernen sozialen Verhaltens.

Kommunikationserziehung faßt also den Menschen ganzheitlich, trennt nicht zwischen verschiedenen Bereichen seines Lebens und Empfindens. Durch die Grundannahme, alles menschliche Verhalten sei als Kommunikation zu verstehen und deutbar, erhält sie eine anthropologische Dimension. Allerdings sollte sie sich der Gefahr bewußt sein, daß auf diese Weise eine unzulässige Nivellierung stattfinden kann und notwendige Unterscheidungen ausbleiben. Kommunikation ist zwar eine wichtige Dimension menschlichen Lebens, aber nicht die einzige. Kommunikationserziehung muß auch ihre Grenzen sehen. In den nächsten Abschnitten sollen einige Elemente der Kommunikationserziehung vorgestellt werden und auf ihre Brauchbarkeit für den schulischen Unterricht befragt werden.

2.11 Kommunikative Kompetenz

Es war bereits verschiedene Male von der kommunikativen Kompetenz des Menschen die Rede. So unter anderem, als in ihr eine Grundbedingung gesellschaftlichen Zusammenlebens gesehen wurde. Die kommunikative Kompetenz muß mehr noch als die Axiome der Kommunikation als Grundgesetz der Kommunikation angesehen werden.

Der Begriff der Kompetenz stammt zunächst aus der Biologie. Die Sprachwissenschaftler haben ihn übernommen, um damit die Fähigkeit des Sprechers zu beschreiben, über "Sprachrichtigkeiten von Sätzen zu entscheiden und eine potentiell unbegrenzte Zahl von Sätzen zu produzieren". (D.Baacke, 1975.2, S.261)

Diese Auffassung wurde nun übernommen und für den Bereich kommunikativen Verhaltens vor allem von D.Baacke modifiziert. Kommunikation wird dabei als zwischenmenschliches Verhalten verstanden. "'Kommunikative Kompetenz' sei entsprechend die Fähigkeit des Menschen, die er in beliebigen und verschiedenen Situationen hat, potentiell situations- und medienadäquat Kommunikationen auszugeben und zu empfangen, ohne an die Reize von Situationen gebunden zu sein." (D.Baacke, 1975.2, S.1oo) Linguistischem wie kommunikationswissenschaftlichem Kompetenzbegriff sind also gemeinsam die Regelstruktur und die Universalität dieser Regeln. Daraus resultiert ein potentiell unbegrenztes Kommunikationsverhalten, was den kreativen Aspekt der Kommunikation ausmacht. Performanz führt schließlich zur Aktualisierung kommunikativen Verhaltens in kurzfristigen Situationen. (s.D. Baacke, 1975.2, S.1o2f)

Ist aber kommunikative Kompetenz dem Menschen eigen, so kommt der Erziehung die Aufgabe zu, diese Fähigkeit auszubilden. Da sich diese Kompetenz nicht nur aus sprachlichen Fähigkeiten ergibt, sondern ebenso durch Verhaltensfähigkeiten bestimmt wird, ist auch Verhalten im zwischenmenschlichen Bereich in diese Erziehung einzubeziehen.

Wenn also behauptet wird, der Mensch könne nicht nur eine unbegrenzte Anzahl von Sätzen produzieren, Sätze, die er vorher nicht gelernt oder nur gekannt hat, so wird auch bei der Übernahme des Kompetenzbegriffs für die Kommunikation behauptet, der Mensch könne seine "Verhaltensschemata generieren, und zwar in der Aktualisierung einer Verhaltenskompetenz, die den inneren motivationalen Lagen des Individuums zur Disposition steht. Ebenso wie Sprache soziokulturellen Überformungen unterliegt, so auch Verhalten in der Kommunikation; aber selbst diese sind nur als das in Systemen institutionalisierte Resultat von kommunikativen Handlungen zu verstehen." (D.Baacke, 1975.2, S.262) Die Herausbildung sprachlicher wie verhaltensmäßiger Kompetenz ist also Bestandteil des Sozialisationsprozesses, der seinerseits wiederum bestimmt ist durch Sprache und Verhalten sowohl derer, die sozialisieren, als auch derer, die sozialisiert werden.

Diese grundsätzlich jedem Menschen eigene Fähigkeit aber entwickelt sich nicht auch bei jedem Menschen gleich. Äußere Umstände und Zufälligkeiten verhindern eine gleichmäßige Ausbildung dieser Fertigkeiten. Schule hätte demnach unter anderem auch die Aufgabe, Sozialisationsmängel im Bereich der kommunikativen Kompetenz auszugleichen. Das soll nicht heißen, daß damit an den Symptomen von Erziehungswirklichkeit in bestimmten Bereichen unserer Gesellschaft kuriert werden soll. Kurzfristig sollte aber auch den Kindern, deren kommunikative Kompetenz nicht so entwickelt ist, wie sie sein könnte, die Chance zu einer Förderung gegeben werden. Denn die anthropologische Grundaussage: "daß der Mensch ein 'kompetentes' Wesen sei" (D.Baacke, 1975.2, S.262), hilft denen nicht weiter, die um ihre Kompetenz nicht wissen und denen die Gelegenheit vorenthalten wird, sie einzusetzen. Kommunikative Kompetenz muß demnach sowohl bewußt gemacht werden, als auch praktisch und auf Praxis bezogen entwickelt werden.

In diesen Zusammenhang gehören Überlegungen, in welcher Weise kommunikative Kompetenz zur Emanzipation des Menschen beitragen kann.

Kommunikative Kompetenz kann sich erst in einem emanzipierten, also selbstbestimmten Gefüge menschlichen Zusammenlebens voll entfalten. Will Kommunikation also Emanzipation erreichen, so muß sie selber emanzipativ sein. Andererseits aber ist kommunikative Kompetenz selber wieder Voraussetzung für die Ausarbeitung der Selbstbestimmung. "Selbstbestimmte Kommunikation ist also eine, die dem Menschen erlaubt, seine kommunikative Kompetenz unbeschränkt, aber durchaus situations- und gegenstandsadäquat ... zu entfalten, und zwar so, daß die eigenen Interessen und Bedürfnisse wie die der Kommunikationspartner den Spielraum wie das Bestimmungsziel abgeben, auf die hin kommunikative Kompetenz jeweils aktualisiert wird." (D.Baacke, 1975.2,

S.326) So gesehen ließe sich dann herrschaftsfreie Kommunikation durchführen, würde Gewaltanwendung unnötig.

Nun gibt es aber durchaus innerhalb der kommunikativen Kompetenz unterschiedliche Fähigkeiten, je nach Situation und Gegenstand verschieden. Denn bei der Entscheidung um den Abriß eines Häuserviertels haben die Bewohner desselben aufgrund ihrer Betroffenheit situations- und gegenstandsadäquate Kompetenz, nicht aber, wenn es darum geht, den Zinssatz der deutschen Banken festzulegen. Die kommunikative Kompetenz wird erst in Situationen so relevant, daß sie abgerufen werden kann.

Es kann aber auch der Fall eintreten, daß zweierlei Kompetenzbereiche aufeinandertreffen: in der Schule ist dies ständig der Fall, wenn die kommunikative Kompetenz des Schülers auf die des Lehrers trifft. Die jeweiligen Spielräume sind in der Regel vorher festgelegt. Es kommt nun darauf an, innerhalb des pädagogischen Prozesses in der Schule dem Schüler die Möglichkeit zu geben, eigenverantwortlich Entscheidungen zu treffen. "Die Fähigkeit hierzu kann er nur erlernen, wenn ihm innerhalb der Kompetenz Schule bestimmte Spielräume geschaffen werden. Hierzu muß die Kompetenz Schule, vertreten durch den Lehrer, ihre Verbindlichkeit in gewisser Beziehung zurücknehmen." (B.Engelmann/H.Zametzer, 1974, o.S.) Wesentliche Aufgabe didaktischer Arbeit ist es dann, die Fähigkeit des Schülers, selbständige und eigenständige Entscheidungen zu treffen, richtig einzuschätzen und Raum dafür zu schaffen. Im Grunde aber kann die Unbegrenztheit des kommunikativen Verhaltens als der "kreative Aspekt" des Kommunikationsverhaltens überhaupt angesehen werden. Durch diese erweiterte Dimension der zwischenmenschlichen Beziehungen, die sich nicht mehr unbedingt in Regeln und Rahmen festlegen lassen, gewinnt der Begriff der Kommunikation auch für das Fernsehen seine Bedeutung. Denn es geht dann nicht mehr um die technische Kompetenz derer, die hinter der Kamera oder dem Bildschirm sitzen und arbeiten, sondern gefragt ist dann ebenso die Kompetenz derer, die das Angebot konsumieren. Ist ihre Kompetenz zu Kommunikation aber unbestritten, so sind sie aufgrund der darin enthaltenen Kreativität auch befähigt, selber mit dem Medium zu arbeiten. Das bedeutet in Anlehnung an die Überlegungen von B.Brecht (1967), daß jeder die Möglichkeit bekommt, selber Sender zu sein, das heißt, aktiv auch am Kommunikationsprozeß technischer Medien teilzunehmen.[3] Es würde hier zu weit führen, dies weiterzuentwickeln, zumal im Augenblick die technischen Anforderungen unerfüllbar erscheinen. Im kleineren Rahmen der Schule allerdings sollte solches Umkehren der Positionen möglich werden. Hierin böte sich auch eine Möglichkeit der Erfolgskontrolle.

2.12 Axiome der Kommunikation

Mit der Formulierung von Axiomen der Kommunikation versuchen P.Watzlawick u.a. und D.Baacke Aussagen über ein Regelsystem der Kommunikation. Mit ihrer Hilfe lassen sich Kommunikationsabläufe in ihrer Grundstruktur beschreiben.

---
3 vgl. auch die Überlegungen von H.M.Enzensberger, 1970

Der Begriff der Axiome stammt aus der Mathematik und bezeichnet Sätze, die nicht auf logische Überlegungen zurückzuführen sind und nicht mehr bewiesen werden brauchen, weil sie nicht beweisbar sind. Ein System solcher Axiome ist das Kalkül, das mathematisch verstanden eine Methode ist, die auf Verwendung von Symbolen beruht. Deren kombinatorische Gesetze sind bekannt und allgemein. Ihre Resultate lassen eine eindeutige Auslegung zu. (s.P.Watzlawick u.a., 1971, S.41) "Die formale Sprache der Mathematik ist ein Kalkül; die Metamathematik die sprachliche Formulierung dieses Kalküls." (P.Watzlawick u.a., 1971, S.41)

Übertragen auf Kommunikation bedeutet dies: wenn wir über Kommunikation kommunizieren, so werden Begriffe verwandt, die nicht mehr Teil der Kommunikation sind, sondern von ihr handeln. Dies wird Metakommunikation genannt. Geht man nun hin, und beobachtet Kommunikationsvorgänge von zwei oder mehreren Personen, so muß es möglich sein, zu Ergebnissen zu kommen, die bei genügender Strukturierung, Schematisierung und Reduzierung zu einem System von möglichen Kommunikationsabläufen führen, "die ihrem Wesen nach zumindest weitgehend den Axiomen und Lehrsätzen eines Kalküls entsprechen". (P.Watzlawick u.a., 1971, S.42)

P.Watzlawick u.a. haben nun Axiome der Kommunikation zu formulieren versucht, die Struktur- und Regelelemente solchen pragmatischen Kalküls sind. Sie kommen auf fünf Axiome, deren Vollständigkeit sie nicht behaupten und deren Reihenfolge keinerlei besondere Bedeutung beinhalten soll: Sie erfassen damit die Unmöglichkeit, nicht zu kommunizieren, die Inhalts- und Beziehungsaspekte der Kommunikation, die Interpunktion von Ereignisfolgen, die Unterscheidung zwischen digitaler und analoger Kommunikation und schließlich die Differenzierung zwischen symmetrischen und komplementären Interaktionen. (s. 1971, S.5o-71)

Diese Aussagen berücksichtigend formuliert D.Baacke zwölf Axiome, die mit der gleichen Absicht Kommunikation systematisieren sollen. (s. 1975.2, S.98-166) [4]

Die Axiome der Kommunikation lassen sich in unterschiedlicher Weise strukturieren: in ihrer "erkenntnisleitenden Funktion" vermögen sie einen Einstieg in die vielfältigen Bedingungen der Kommunikation zu vermitteln. In ihrer "pragmatischen" Funktion könnten sie den Bezug zum sozialen menschlichen Verhalten aufzeigen. In ihrer "therapeutischen Funktion" schließlich könnten sie helfen, Kommunikationsstörungen als solche zu erkennen und zu beheben helfen. Dabei ist nicht gesagt, daß sich die Axiome von P.Watzlawick u.a. oder die von D.Baacke gleichmäßig oder irgendeinem Raster entsprechend auf diese verschiedenen vorgeschlagenen Funktionen anwenden lassen. Vielmehr ist damit der Versuch gemacht, ihre Vielfältigkeit in der Interpretierbarkeit anzudeuten. Diese Vielfältigkeit erlaubt es auch, sie in den unterschiedlichsten Situationen und Umgebungen

---

[4] D.Baacke nennt außer dem Grundaxiom folgende Axiome der Kommunikation: das Permanenz-, das Beziehungs-, das Festlegungs-, das Ökonomie-, das Institutions-, das Erwartbarkeits-, das Regel- und Rollen-, das Inhalts-Beziehungs-, das Kontroll- und das Noise-Axiom sowie instrumentale versus konsumatorische Kommunikation.

anzuwenden. Denn ohne Zweifel sind sie handlungsorientiert, das
heißt darauf gerichtet, menschliche Handlungen individuell oder
in Gruppen zu deuten, soweit kommunikatives Verhalten vorliegt.
Ist dies der Fall, so sind die Axiome der Kommunikation in der Lage, dieses Verhalten zu analysieren und bei Störungen zu deren
Lösung beizutragen. Insofern kommt ihrer therapeutischen Funktion
eine besondere Bedeutung zu.

Eine andere Form der Strukturierung wäre die nach intrapersonalen
und interpersonalen Kommunikationen. Hier würden Individuum und
soziale Gruppe einander gegenübergestellt mit dem Ziel, Übereinstimmungen und Unterschiede deutlicher zu machen.

Beide Vorschläge zur Strukturierung der Axiome der Kommunikation
haben ihre je eigenen Vorzüge. Es muß in diesem Zusammenhang darauf
ankommen, den Weg zu finden, der für den Unterricht die größere
Bedeutung hat und für eine Durchführung von Fernsehkunde auch die
Möglichkeit der Einbeziehung dieses Mediums in die Überlegungen
gestattet.

So scheint mir der therapeutische Charakter die größere Relevanz
für Schule und Unterricht zu besitzen. Nimmt man an, daß auf ihrer
Grundlage Kommunikationsstörungen analysiert und gelöst werden können, und versteht man Lernleistungen als Kommunikationsleistungen,
so ist die Bedeutung auffallend. Denn mit ihrer Hilfe kann Unterricht
zum Gegenstand von Unterricht gemacht werden, können auch Störungen
behandelt werden. Geschieht aber das, findet eine "Metakommunikation

im und über Unterricht" statt. Mit ähnlichem Ansatz können, wenn auch nicht mit den gleichen Intentionen, andere Formen der Kommunikation Gegenstand des Unterrichts im Unterricht werden. Dazu gehören dann Kommunikationsverhalten im personalen, unmittelbaren Bereich, also etwa in Gruppen oder Familien, aber auch kommunikatives Verhalten im medialen Bereich, also beispielsweise bei Telefon, Presse oder Fernsehen.

Greifen wir Letzteres auf: Fernsehen bietet sich in mehrfacher Hinsicht an, die Kommunikationsaxiome zu beobachten und zu analysieren, zu bestätigen oder als unzutreffend abzutun.

Zunächst ist i n einigen Sendeformen das Kommunikationsverhalten verschiedener Akteure zu beobachten. An diesem Verhalten könnten beispielsweise Inhalts- und Beziehungsaspekt festgestellt, digitale und analoge Kommunikation bezeichnet oder Störungen analysiert werden. Beispielhafte Sendungen wären etwa politische Diskussionen wie "Journalisten fragen - Politiker antworten" oder der "Internationale Frühschoppen", aber auch Talk-Shows, Quizsendungen oder Dialoge in Familienserien.

Weiter ließe sich Kommunikationsverhalten darstellen, das sich aus Kommunikation m i t Fernsehen ergibt. Es ließen sich beispielsweise Verhaltensformen finden, in denen der Zuschauer mit dem Medium versucht zu kommunizieren. Wobei allerdings zu prüfen wäre, ob man solchem Verhalten kommunikativen Charakter zusprechen kann oder nicht.

Schließlich geht es um Kommunikation ü b e r Fernsehen in Primärund Sekundärgruppen. Wichtig werden könnten hier Rollenübernahmen und damit auch Rollenfestlegungen, wie sie etwa im Axiom über die Festlegung der miteinander Kommunizierenden beschrieben sind. Zu verweisen ist hierbei auch auf die Überlegungen zum Zusammenhang zwischen aggressivem Verhalten und Fernsehkonsum.

2.2 Kommunikationserziehung

Ziel einer Kommunikationserziehung [5] ist es, nicht nur den medialen Charakter der Massenmedien in den Vordergrund der Erziehung zu stellen, sondern den kommunikativen Charakter menschlichen Zusammenlebens überhaupt und der Massenmedien im besonderen zu verdeutlichen. Dazu gehört der Schritt aus der Konsumentenabhängigkeit zu emanzipatorischer kommunikativer Aktivität. (s.R.Krauthausen u.a., 1972, S.56) Allerdings kann das Beispiel der massenmedialen Kommunikation lediglich aufzeigen, wie Kommunikation im Kleinen wie im Großen geschieht. Unter Berücksichtigung der Besonderheiten dieser Kommunikationsformen muß Kommunikationserziehung eine Hilfe bieten zur Bewältigung von Lebenssituationen, wenn diese kommunikativ zu leisten ist. Da aber nach unserer Annahme alles Verhalten zugleich kommunikativ ist, andererseits aber auch nicht nicht kommuniziert werden kann, gehört zur Bewältigung von Lebenssituationen das Verfügen über ein Repertoire kommunikativer Verhaltensformen, die, im jeweiligen situativen

---
[5] Bestimmend für diesen Abschnitt sind die Ausführungen von R.Krauthausen u.a., 1972, S.56-64; vgl. dazu auch F.R.Stuke u.a., 1972, S.46of

Kontext angewendet, soziale Interaktion ermöglichen und herrschaftsfreien Diskurs zum Ziel haben. Dieses Repertoire zu vermitteln, ist Aufgabe von Kommunikationserziehung. Fernsehkunde ist in diesem Rahmen nur ein Ausschnitt, der allerdings möglicherweise wegen seiner Anschaulichkeit eine besondere Bedeutung gewinnen kann.

Zu diesem Repertoire kommunikativen Verhaltens besonders unter Berücksichtigung des Fernsehens gehört zum Beispiel das Beherrschen der Wort-Bild-Sprache. Die Kombination von Wort und Bild in der audiovisuellen Präsentation des Fernsehens gewinnt eine eigene Suggestivkraft, führt unbewußt zu einem unzulässigen Grad an Authentizität und kann schließlich zu unkontrollierter Sucht führen. Beispiele dazu sind bereits genannt worden. Das Beherrschen der Wort-Bild-Sprache, dieses Konstituens des Fernsehens, beinhaltet auch den Versuch, selbst eigene Aussagen mit diesem Mittel zu machen und durch unterschiedliche Akzentsetzung auch unterschiedliche Wirkungen zu erzielen.

Bestandteil einer Kommunikationserziehung mit der oben genannten Zielrichtung ist auch die Ausbildung und Förderung der Urteilsfähigkeit in Bezug auf die Massenmedien allgemein. Dazu gehört die Erarbeitung von Kriterien, an denen die Aussagen von Programmen und Akteuren gemessen werden können. In der kritischen Auseinandersetzung mit den Massenmedien könnten solche Kriterien gefunden werden. Beim Beispiel der Nachrichtensendungen im Fernsehen werden dazu die nötigen didaktischen und methodischen Hinweise gegeben. Sind Kriterien gefunden, die eine kritische Auseinandersetzung mit den

Massenmedien erlauben, so kann auch zu sinnvollem Gebrauch dieser Medien angeregt und angeleitet werden. Allerdings ist darauf zu achten, daß diese Kriterien nicht einem Kulturpessimismus entstammen, der frühen Medienerziehern eigen war. Vielmehr sollte den Hintergrund bilden der Versuch, die jungen Menschen zu einem eigenständigen und selbstbestimmten, auch selbstyerantworteten, also emanzipatorischen Gebrauch der Medien anzuregen. Daß dies nur durch einen emanzipatorischen Unterricht geschehen kann, der den Schülern auch die Ermessensspielräume überläßt, eigene Entscheidungen zu treffen und in ihren Folgen zu verantworten, soll hier noch einmal betont werden.

Keinesfalls übersehen werden darf in diesem Zusammenhang der gesellschaftliche Kontext, in dem sich Massenkommunikationsvorgänge ereignen. Die gegenseitige Bedingtheit von ökonomischen und politischen Prozessen ist aufgezeigt worden. Sie gilt es zu vermitteln. Eine Rolle dabei spielt gerade beim Fernsehen der zunehmende Versuch der politischen Kräfte aller Richtungen, sich der Funkhäuser zu bemächtigen, um durch massiven Druck Einfluß zu nehmen auf die Programmgestaltung und damit auf die Zuschauer, die schließlich zum größten Teil auch Wähler sind. Daß dies - vom kommunikationswissenschaftlichen, aber auch vom erziehungswissenschaftlichen Standpunkt aus - kurzschlüssig gedacht ist und politisch nicht gerade klug, braucht hier nicht erörtert zu werden. Diese bestehenden Zusammenhänge aber gilt es aufzuzeigen, damit Kommunikationsformen deutlich werden, die darauf zurückzuführen sind. Dabei kommt es darauf an, "zwischen individuellem und gesellschaftlichem Handlungswissen" zu vermitteln, "diese Vermittlung aktiv gestalten (zu) lernen", "Herrschaftswissen aufzugeben zugunsten von Emanzipation und Autonomie" und schließlich damit Transparenz einerseits und Partizipation andererseits zu erreichen. (s.R.Krauthausen u.a., 1972, S.58) So können, durch das Medium Fernsehen verdeutlicht und hervorgehoben, Kommunikationsformen und -strukturen dieser Gesellschaft aufgezeigt werden, die in ihrer Verarbeitung im schulischen Unterricht dazu beitragen, diese Gesellschaft kommunikativer und damit auch humaner zu gestalten.

Zusammengefaßt werden kann das zur Kommunikationserziehung Gesagte und durch sie zu Erreichende durch folgende kognitive Lernziele:

Der Schüler kann kommunikative Kompetenz erklären. Er kann Beispiele nennen für die Wichtigkeit des Bewußtseins um kommunikative Kompetenz als anthropologischer Grundgegebenheit.
Der Schüler kann die Abhängigkeit der kommunikativen Kompetenz von Situation und Gegenstand erklären.
Der Schüler kann Axiome der Kommunikation formulieren. Er vermag ihre Entstehung zu beschreiben und ihre Bedeutung abzuschätzen. Er kennt ihre Funktion für Kommunikation im allgemeinen und schulischen Unterricht im besonderen. Er kann Beispiele aus dem täglichen Leben für einzelne Axiome nennen.
Der Schüler kann die Axiome der Kommunikation nach verschiedenen Gesichtspunkten strukturieren und ihre Bedeutung für unterschiedliche soziale Kontakte formulieren.
Der Schüler kann ein Repertoire kommunikativer Verhaltensweisen nennen, dem Überlegungen zu den Axiomen der Kommunikation und die Grundannahme einer kommunikativen Kompetenz des Menschen zugrunde liegen.
Der Schüler kann Unterricht als kommunikative Interaktion analysieren, Störungen dieser sozialen Verhaltensweisen erkennen und beheben.
Der Schüler kann Probleme sozialen Verhaltens kommunikativ lösen.
Der Schüler kann Strategien entwickeln, Kommunikationsstörungen zu vermeiden und soziale und kommunikative Interaktion zu fördern.
Der Schüler kann stabilisierende Kommunikationsformen nennen und an-

wenden und ist in der Lage, die Notwendigkeit stabiler Kommunikationsformen zu begründen.
Der Schüler kann den Wert verschiedener Kommunikationsabläufe abschätzen und kritisch prüfen.
Der Schüler kann mediale Kommunikationsvorgänge beschreiben und beurteilen.
Der Schüler kann die Bestandteile der Wort-Bild-Sprache als Kommunikationsvorgang aufzeigen, ihre Möglichkeiten nennen und eigene Aussagen mit diesen Möglichkeiten vermitteln.
Der Schüler kann Maßstäbe eigener kommunikativer Erfahrungen in seiner Rezipientenrolle Medien gegenüber anwenden.
Der Schüler kann gesellschaftliche und institutionalisierte Kommunikation analysieren. Dabei ist er in der Lage, verborgene Ideologie, ökonomische Abhängigkeiten und politische Einflußnahmen aufzuzeigen.
Der Schüler kann die Bedeutung kommunikativer Verhaltensweisen für gesellschaftliches Zusammenleben aufzeigen und Beispiele für Veränderungen im Sinne dieser sozialen Interaktionsformen nennen. Er vermag dazu Methoden und Strategien zu entwickeln.

2.3 Medienerziehung

Eine emanzipatorische Medienerziehung will Erkenntnisprozesse in Gang setzen, Widersprüche aufdecken, Alternativen entwickeln und somit Bestandteil auch der politischen Bildung sein. (B.Claußen, 1973, S.34f) Dies konkretisieren heißt, sich mit den Programminhalten kritisch auseinandersetzen und die wechselseitigen Abhängigkeiten auf ökonomischem und politischem Gebiet berücksichtigen, die Unterschiede zwischen gesellschaftlichem Anspruch und Verwirklichung dieses Anspruches auch in den Massenmedien hinterfragen und schließlich durch eigene Aktivität und Kreativität Alternativen zum bestehenden Angebot zu entwickeln versuchen. Für letzteres gilt die ZDF-Jugendsendung "direkt" als Beispiel, weil hier Betroffene eigene Interessen und Ansprüche artikulieren können und den Zuschauern zu vermitteln suchen. Nicht zuletzt deshalb wird diese Sendung ständig angegriffen.

Im Vorfeld solcher Medienerziehung muß es zunächst darum gehen, "die Möglichkeiten des Mediums pädagogisch zu nutzen, indem der Zuschauer vom passiven Konsum zur kritischen Beobachtung befähigt wird, ohne daß sämtliche Medien total pädagogisiert werden". (H.Siebert, 1970, S.551)

Ein weiteres Ziel ist, "den mündigen, selbstbestimmten, sein gesellschaftliches Verhalten rational steuernden Menschen zu ermöglichen". (D.Baacke, 1969, S.49) Nun kann dies ebenso als Ziel der Massenmedien selbst angesehen werden, die idealtypisch ebenfalls diesen emanzipatorischen Anspruch erheben. Da sie aber tatsächlich nicht umhin können, die von ihnen vermittelte Information zumindest handwerklich zu manipulieren, geben sie durch ihr Erscheinen bereits den emanzipatorischen Anspruch wieder auf. Denn Manipulation und Emanzipation schließen einander aus. Medienerziehung kommt so zu einer kompensatorischen Funktion, indem sie versucht, den emanzipatorischen Anspruch der Massenmedien wieder freizulegen, um so den von D.Baacke geforderten emanzipatorischen Menschen heranzubilden.

Nicht nur der Mensch als Beispiel und Konsument hat im Blickpunkt der Medienerziehung zu stehen, sondern ebenso die gesellschaftliche Bedingtheit der Medien. Während man pointiert formulieren kann, die Gesellschaft hat die Medien, die sie verdient, so kann man diesen Satz ebenso umkehren: die Medien haben die Gesellschaft, die sie zulassen. Das bedeutet, daß eine wechselseitige Abhängigkeit einerseits, aber auch eine gegenseitige Verantwortung füreinander und

und für die Gestaltung des gesellschaftlichen Miteinander festzustellen ist. Medienerziehung hat also auf diese Zusammenhänge und Verantwortlichkeiten aufmerksam zu machen und Fehlentwicklungen zu verdeutlichen.

Da Massenmedien eine freizeitbestimmende Funktion besitzen und ihre größte Wirkungsweise aus diesem Umstand herleiten können, muß Medienerziehung auch Alternativen zu dieser Art der Freizeitgestaltung anbieten können. Gerade im Hinblick auf den familiären Alltag sind Überlegungen anzustellen, die die scheinbare Interaktion der Familienmitglieder vor dem Fernsehschirm ablöst zugunsten einer tatsächlichen Interaktion. Es gilt, diese alternativen Beschäftigungen als besonders wichtig, nützlich und erstrebenswert darzustellen. (P.Hunziker u.a., 1975, S.3o9) Dies soll nicht so sehr aus einem kulturpessimistischen Motiv heraus geschehen, sondern vielmehr vor dem Hintergrund, daß familiäre Interaktion durch Fernsehkonsum verdrängt wird, daß sie selbst dann nicht stattfindet, wenn die Auswahl des Programmangebotes einen Anlaß bieten könnte. Wie die schon früher zitierten Untersuchungen ergeben haben, findet Kommunikation in der Familie im Zusammenhang mit Fernsehen statt, um das Programm auszuwählen, nicht aber, um das Gebotene zu verarbeiten.

Will man mögliche Lernziele formulieren [6], die Schüler zu emanzipatorischem Medienverständnis und -gebrauch führen können, so sind zu nennen:

---

6 Die Ziele lehnen sich an an die Ausführungen von B.Claußen, 1973, S.35

Der Schüler kann die verschiedenen Medienarten unterscheiden und ihre jeweiligen Eigenarten, Möglichkeiten und Grenzen benennen. (s. auch D.Baacke, 1969, S.51)

Der Schüler kann die Wechselbeziehungen zwischen Medien, deren Konsumenten und Kräften der Gesellschaft aufzeigen. Er kennt den Unterschied zwischen den privatwirtschaftlich organisierten und öffentlich-rechtlichen Einrichtungen. Er kann die unterschiedlichen Kontrollinstrumente nennen.

Der Schüler kann qualitative und quantitative Dimensionen der Medieninhalte nachweisen und die dahinter stehenden Interessen und Ideologien aufzeigen. Er kann die gegenseitige Beeinflussung dieser verschiedenn Komponenten bewerten.

Der Schüler kann dazu verschiedene Analysemethoden entwickeln und anwenden. Die durch die verschiedenen Methoden - vergleichende, quantifizierende oder ideologiekritische Analyse etwa - gewonnenen Ergebnisse in ihrer Aussagekraft bewerten und abwägen.

Der Schüler kann unterschiedliche Medien so handhaben, daß er mit ihrer Hilfe seine Interessen zu artikulieren vermag. Dabei ist er in der Lage, dem jeweiligen Anliegen gemäße Medien zu finden und entsprechend einzusetzen.

Der Schüler kann verzichten auf ästhetisch-technischen Perfektionismus, so lange er der Verschleierung der tatsächlichen Verhältnisse dient und eine Betroffenheit der Zuschauer erschwert oder verhindert.

Der Schüler kann seine Kritik an Medieninhalten und -formen begründen.

Der Schüler kann Möglichkeiten und Grenzen alternativer Strategien zur Einflußnahme auf den Bereich der Produktionen im Bereich der Massenmedien entwickeln, abwägen und durchsetzen.

Der Schüler kann sich solidarisch verhalten bei der Herstellung, Kritik und Veränderung von Medieninhalten und ihnen adäquater Produktionsbedingungen.

Der Schüler kann an emanzipatorischer Medienerziehung mitarbeiten, um "Mündigkeit nicht gegen die Massenmedien, sondern mit den Massenmedien" zu erreichen. (s.D.Baacke, 1969, S.49)

Auch diese Lernziele sind weiter zu verfeinern und zu konkretisieren. Das bedeutet, daß an ausgesuchten Medien und Medienbeiträgen verdeutlicht werden soll, wie mit ihnen Medienerziehung betrieben werden kann, aber auch, wie sie dazu beitragen können, die oben genannten Lernziele zu erreichen. Dazu werden nun Beispiele entwickelt sowie Inhalte und Methoden angeboten zur Erreichung dieser Ziele.

3. BEISPIELE FÜR EINE SCHULISCHE FERNSEHKUNDE

Ziel der Fernsehkunde ist, den Schüler zu befähigen, in Kenntnis der politischen und ökonomischen Hintergründe der Fernsehanstalten deren Programmangebot bewußt zu analysieren und zu kritisieren, die kommunikativen Aspekte dieser Kommunikationsform zu würdigen und eigene Erfahrungen sowohl zu übertragen als auch Anregungen für eigenes Verhalten zu übernehmen. Fernsehkunde bedient sich dabei einer kommunikativen Vorgehensweise.

Das Medium Fernsehen dient ihr dabei erst in zweiter Linie als Mittler von Informationen der unterschiedlichsten Art, es ist in erster Linie in seiner ganzen Komplexität Gegenstand des Unterrichts. Es geht auch nicht zunächst um Detailkritik einzelner Sendungen oder Sendungsformen, sondern vielmehr um Fragen von grundsätzlicher Bedeutung. Darunter zu verstehen sind Gesichtspunkte ökonomischer Abhängigkeiten und politischer Einflußnahmen, Sozialisationswirkungen und Wirklichkeitsvermittlung beziehungsweise -deutung.

Es braucht auch nicht eigens betont zu werden, daß dieses Ziel nicht durch die Behandlung des Fernsehens in einem einzigen Schulfach erreicht werden kann. Hierzu können die verschiedensten Fächer aus der ihnen je eigenen Sicht das ihrige beitragen. Insofern sollen nun auch lediglich die umfassenden Ziele angegeben werden, die im weiteren Zusammenhang vorausgesetzt werden: es sind dies die Lernziele I. Ordnung.

Der Schüler kann die technische Funktionsweise des Fernsehens erklären.

Er kennt den Zusammenhang von Technik und Inhalt. Er weiß um die technischen Möglichkeiten der Manipulation.

Der Schüler kann die ökonomischen Bedingungen beschreiben, unter denen Fernsehanstalten arbeiten. Er weiß um die wechselseitigen Abhängigkeiten zwischen Sendern und Industrie

Der Schüler kann die politischen Einflußnahmen auf die Anstalten beschreiben. Er kennt Aufgabe und Funktionsweise der Kontrollgremien.

Der Schüler kann die Problematik der Sozialisationswirkungen des Fernsehens beschreiben und an ausgewählten Beispielen nachweisen.

Der Schüler kann das Spannungsverhältnis von Wirklichkeit und vermittelter Wirklichkeit beschreiben und seine Auswirkungen deuten.

An den nun folgenden Beispielen soll das bisher Gesagte veranschaulicht werden.

Die Beispiele sind so gewählt, daß der Schüler in unterschiedlicher Art betroffen ist: es sind Sendungen, die er wahrscheinlich häufig sieht, über die er in der Schule mit Mitschülern und Kameraden spricht, deren Inhalte er teilweise überprüfen kann am eigenen Erleben oder mit Hilfe der unterschiedlichsten Hilfsmittel, Sendungen, die schließlich in gewisser Weise seine Weltsicht prägen und sein politisches Bewußtsein beeinflussen.

Dabei soll ein Strukturschema Hilfestellung leisten, das als erste Stütze für Lehrer und Schüler sich anbietet und in der folgenden Analyse als Gliederungselement wiederauftaucht:

```
┌─────────────────────────────────┐
│      Dramaturgischer Aufbau     │
│   ┌─────────────────────────┐   │
│   │    Formale Darbietung   │   │
│   │ ┌─────────────────────┐ │   │
│   │ │Audiovisuelle Umsetzung│ │
│   │ └─────────────────────┘ │   │
│   └─────────────────────────┘   │
└─────────────────────────────────┘
```

Nach diesem Muster oder Raster lassen sich die allermeisten Sendungen zunächst oberflächlich gliedern, aber auch bei einer weitergehenden Befolgung tiefergehend erläutern. Dies wird im folgenden geschehen.

Unter dem dramaturgischen Aufbau werden dann Elemente vereinigt, die durch ihre ständige Wiederkehr den Fortgang der Sendung, aber auch ihren Aussagewert beeinflussen: Dies sind etwa bei Nachrichtensendungen Personalisierung und Stabilisierung, Isolierung und Ritualisierung. Bei den Serien des Werberahmenprogramms sind dies Identifikationsangebote und Standardisierung, Kompensierung und Ideologiesierung.

In der formalen Darbietung werden gesehen ständig wiederkehrende Motive: Bei den Nachrichtensendungen beispielsweise Beginn (Uhr) und Ende (Wetter) und der Sprecher; bei den Serien des Werberahmens Klischeebildung, zeitliche Fixierung und Aktualisierung.

Bei der audiovisuellen Umsetzung geht es schließlich um die Stilmittel, die eingesetzt werden, einen bestimmten Stoff den Zuschauern nahezubringen. Dies ist nicht gleichzusetzen mit "vermitteln". Denn vermittelt werden Informationen jedweder Art - wie noch gezeigt wird - aufgrund der vorher aufgeführten inhaltlichen und formalen Festsetzungen in den seltensten Fällen.

Dieses Strukturschema soll als generelles Raster eingeführt werden und hier an den Fernsehnachrichten und den Serien des Werberahmenprogramms erprobt und verdeutlicht werden.

Denn diese Muster und Raster stellen das Gerüst dar, an dem sich die jeweilige Sendung aufbaut. Dies hat arbeitstechnische Gründe. Mit Sicherheit stecken dahinter aber auch Intentionen, die die beabsichtigten Aussagen verstärken sollen. Dies soll im einzelnen belegt werden.

Noch eine Vorbemerkung zur Einordnung des Folgenden: Als Globalziel schulischer Erziehung wird Emanzipation gesehen. Zu diesem Ziel führen verschiedene Wege, hier wird als Richtziel Kommunikation gewählt. Zu dieser Kommunikation gehört das Fernsehen. Um aber Fernsehen als solches verstehen zu können, sind gewisse Grundkenntnisse erforderlich über die Zusammenhänge zwischen Politik, Ökonomie, Technik, Wirklichkeit und Sozialisation auf der einen Seite und dem Fernsehen auf der anderen Seite. Diese Bereiche beeinflussen sich gegenseitig und prägen Fernsehen. Dies wurde ausschnittartig an verschiedenen Bereichen gezeigt. Dies dem Schüler zu vermitteln, wird als Lernziel I. Ordnung bezeichnet, ohne daß solche Ziele in Einzelheiten formuliert wurden.

Bei den Lernzielen II. Ordnung ergibt sich eine Schwierigkeit insofern, als Methode und Ziel nicht hinreichend voneinander getrennt werden können. Denn das Strukturschema ist einerseits methodisches Hilfsmittel, die Feinziele zu erreichen. Diese können aber nur dann erreicht werden, wenn zunächst einmal die Notwendigkeit und Möglichkeit des Strukturschemas für die Analyse von Fernsehsendungen erlernt worden ist. Dennoch sind die Elemente des Strukturschemas als Lernziele II. Ordnung aufzufassen, die dann in einem weiteren Schritt zu den Feinzielen differenziert werden.

Als Zusammenfassung dessen ist die Abbildung auf der nächsten Seite zu verstehen. In ihr wird zudem deutlich, wie sich Ziele gleichsam stufenartig aufeinander aufbauen und nicht voneinander zu trennen sind.

3.1 Nachrichtensendungen im Fernsehen

Fernsehsendungen sind von bestimmten Klischees geprägt. Verstehen wir unter ihnen immer wiederkehrende Handlungsweisen, die durch die Tatsache, daß sie ausgeführt werden, schon einen Sinn bekommen, so könnten wir auch von Ritualen sprechen. Und ebensolche Rituale finden wir im täglichen Leben auf Schritt und Tritt: der Wahlvorgang, bei dem ich in einer Kabine ein Kreuz mache und den Umschlag anschließend in eine Urne werfe, wäre ein solches Ritual - obwohl dieser

Globalziel	E M A N Z I P A T I O N
Richtziel	KOMMUNIKATION
Lernziele I. Ordnung	Politik - Ökonomie - Technik und Fernsehen Wirklichkeit - Sozialisation -
Lernziele II. Ordnung	Dramaturgischer Aufbau Formale Darbietung Audiovisuelle Umsetzung

Differenzierung
der Lernziele
II. Ordnung
(= Feinziele)
	Beispiel der Fernsehnachrichtensendungen
	Personalisierung Initiation
	Isolierung Sprecher
	Stabilisierung Finale
	Ritualisierung Wort-Bild-Kombination
	        Wort
	        Bild

Vorgang inzwischen über elektronische Maschinen viel schneller vollzogen werden könnte. Die Eröffnungsfeier der Olympischen Spiele etwa ist voll von solchen Ritualen: das Entzünden des Feuers, der Eid, die Fahnen, der Aufmarsch der Nationen, die Böllerschüsse, die Tauben. Oder ein Staatsbesuch.

Ähnliche Beobachtungen lassen sich auch bei Phänomenen wie Personalisierung von Zusammenhängen, bei Vereinfachung von Vorgängen machen. Beides findet sich im Fernsehprogramm wie im täglichen Leben wieder. Aufgabe der Schule muß es sein, diese Rituale, Personalisierungen, Vereinfachungen und vieles ähnliche mehr aufzulösen, durchschaubar zu machen und Alternativmöglichkeiten aufzuzeigen versuchen. Dazu müssen erst in den Programmen die einzelnen Punkte "enttarnt" werden. Dies geschieht im folgenden für die Nachrichtensendungen "Tagesschau" (ARD) und "Heute" (ZDF):

Diese Nachrichtensendungen versorgen täglich zwischen 5o und 8o % der deutschen Fernsehteilnehmer mit ersten Informationen aus dem politischen Leben.[1] Diese Informationen ergänzen die Zuschauer vielfach durch die Zeitungslektüre am nächsten Morgen, durch Rundfunkkommentare oder entsprechende Hintergrundinformationen in anderen Fernsehsendungen, besonders den politischen Magazinen. Im folgenden soll nun zunächst der dramaturgische Aufbau der beiden Nach-

---

[1] Die Angaben für 1976 besagen, daß bei der "Tagesschau" durchschnittlich 29 % der Bildschirme eingeschaltet sind, bei "Heute" sind es 23 %. (entnommen dem General-Anzeiger, Bonn, vom 15./16.1.1977)

richtensendungen aufgezeigt werden. Außerdem soll versucht werden zu zeigen, daß diese Struktur mit unterschiedlichen Mitteln berichtete Vorgänge und Ereignisse vereinfacht. Dies wird verstärkt durch die dann aufgeführte formale Darbietung, die den Zuschauern die angebotenen Informationen ansprechend "verkauft". Schließlich sollen in einem dritten Punkt die beiden Grundkomponenten Bild und Sprache untersucht werden.

3.11 Dramaturgischer Aufbau

Unter dem dramaturgischen Aufbau verstehen wir die Elemente, auf die sich alle Meldungen, gleich welchem Themenbereich sie zuzuordnen sind, zurückführen lassen. Dabei ist es durchaus möglich, daß eine Meldung mehreren dieser Elemente zugeordnet werden kann. Ebenso ist auch nicht ausgeschlossen, daß Elemente ungenannt bleiben.

Im Grundsatz lassen sich aber alle Inhalte der Nachrichtensendungen in ARD und ZDF auf folgende dramaturgischen Merkmale zurückführen, wenn auch mit graduellen Unterschieden zwischen den beiden Systemen: Personalisierung von Ereignissen, Isolierung von Fakten, Stabilisierung bestehender Verhältnisse und schließlich Ritualisierung von Vorgängen. Im folgenden wird dies im einzelnen aufgezeigt werden. Es soll aber auch hier wieder der Blick auf die Möglichkeiten gelenkt werden, die sich im Unterricht bei der Behandlung von Nachrichtensendungen bieten. Denn gerade diese Form der Fernsehsendung eignet sich in den verschiedensten Hinsichten besonders für die Aufbereitung und Durcharbeitung im Unterricht: formal wegen der

Kürze und Überschaubarkeit, inhaltlich wegen der begrenzten Thematik und der Kontrollierbarkeit der Inhalte an anderen Medien.

- Personalisierung

Für die Gestaltung von Fernsehprogrammen besteht grundsätzlich die Schwierigkeit, Bild und Ton sinnvoll miteinander zu verknüpfen, will man nicht den Hörfunk verfilmen oder Bilder vertonen. Das bedeutet, daß die Versuchung groß ist, einem bestimmten Text Bilder zu unterlegen, die oft in keinem unmittelbaren Zusammenhang mit dem im Text gesagten Inhalt stehen. Über diese Gefahren und Möglichkeiten wird weiter unten noch zu sprechen sein.

Die Nachrichtenredakteure der beiden Fernsehanstalten stehen in besonderer Weise vor diesem Problem. Sie versuchen es zu lösen, indem sie zu einer Meldung ein Porträtfoto bringen. Dieses Foto soll den Text der Meldung verstärken und dem Zuschauer einprägsam machen. Gerechtfertigt wird dies mit der Begründung, Entscheidungen würden "von Personen oder Personengruppen vorbereitet, getroffen, bekanntgegeben und verantwortet. In den Nachrichtensendungen können in der Regel nur jene zu Wort kommen, die für eine Gruppe oder ein Gremium sprechen." (M.Abend, 1974a, S.178) Aus dem Zwang heraus, eine Meldung zu bebildern, sucht man also möglichst das heraus, was eine solche Illustration zuläßt. Das sind meist Porträtfotos von den Akteuren, auf die eine solche Nachricht zurückgeht.

Auf diese Weise wird dem Zuschauer täglich auf dem Bildschirm die Begegnung mit den Repräsentanten des öffentlichen Lebens ermöglicht,

"die als Vertreter seiner politischen und wirtschaftlichen Interessen auch über sein persönliches Wohlergehen entscheiden. Über den Bildschirm erfährt er auf direktem Wege Standpunkte zu wichtigen Fragen und gewinnt zu Politikern eine persönliche Einstellung."
(H.-J.Reiche, 1967, S.12o) H.-J.Reiche spricht sogar von der "persönlichen Begegnung" durch den Bildschirm über tausende von Kilometern.

Der Zuschauer mag zwar auf diese Weise Stellungnahmen aus erster Hand erhalten. Aber durch die Konzentration auf eine oder mehrere Personen werden die Sachzusammenhänge, die zu einer solchen Stellungnahme geführt haben, verschleiert. (H.Holzer, 1972.2, S.151ff) Wenn ein Minister Stellung nimmt zur Sicherheit bei Kernkraftwerken, und zu dieser Meldung wird das Porträt dieses Ministers eingeblendet, dann lenkt dies ab von dem eigentlichen Inhalt der Meldung. Denn entscheidend ist nicht so sehr, w e r etwas bestimmtes gesagt hat, sondern vielmehr, w a s a u s w e l c h e m G r u n d e w i e gesagt wurde. [2] Dies aber wird durch diese Art der Nachrichtengebung nicht ermöglicht. Nur sei angemerkt, daß diese Form der Sendung vor allem bei der Tagesschau praktiziert wird, die die

---

[2] Anekdotisches Beispiel dazu liefert H.Keller, Redakteur des Bonner ZDF-Studios. Für ihn ist wichtig, daß der Befragte bekannt ist: es müsse schon zumindest ein Staatssekretär sein, am besten ein Minister. Und M.Radtke, 1975, hat nach seinen Beobachtungen im Bonner ARD-Studio den Eindruck, es komme vornehmlich darauf an, d a ß etwas gesagt werde, weniger, w a s gesagt werde.. Es wird also nicht gezeigt, "o b Politik sich auswirkt, w i e sie sich auswirkt, und warum man so tut, a l s o b sie sich auswirkt".
(M.Radtke, 1975, S.5)

technischen Möglichkeiten des Blue-Screen-Verfahrens extrem ausnützt, hinter den Nachrichtensprecher Fotos, Karten oder Grafiken einzublenden. Auf diese Möglichkeit soll ebenfalls weiter unten eingegangen werden.

Hier sollen aber zunächst noch die Folgen der Personalisierung von Ereignissen weiter untersucht werden. Denn mit ihnen wird der Eindruck erweckt, "daß nur wenige Politiker über das Schicksal der Bevölkerung, die wirtschaftliche Lage und den Zustand der Gesellschaft entscheiden". (R.Zoll/E.Hennig, 1970, S.156) Über Herrschaftsverteilung, die gesellschaftlichen und wirtschaftlichen Bedingungen dieser Herrschaft und der daraus folgenden Politik, über soziale und politische Interessenkonflikte oder die Unterprivilegierung bestimmter Bevölkerungsgruppen kann auf diese Weise nicht berichtet werden. Es sind immer dieselben Politiker, die immer das gleiche tun und sagen. Da Politik als solche zu abstrakt ist, um sie dem Zuschauer nahezubringen, wird sie "aufgemacht" durch Personalisierung.[3] Das bedeutet ihre Reduzierung, die Reduzierung der komplexen Bedingungen und Auswirkungen auf die Akteure. Verstärkt wird dieses Verfahren durch die später zu beschreibenden Strukturelemente wie Isolierung, Stabilisierung und Ritualisierung, die sich gegenseitig ergänzen und verbunden werden durch den allen eigenen Hang zur Vereinfachung.[4] Dies fördert eine Haltung beim Zuschauer, die Nachrichten als politische Schau zu rezipieren: "Politik wird

---
[3] vgl. dazu auch J.Habermas, 1975.7, S.206
[4] vgl. H.Holzer, 1973a, S.159-161; F.Dröge, 1972, S.155f

zum Konsumgut." News-Show, Tagesshow, Politik als Sensationszirkus.
(s. U.Zimmermann, 1974, S.375f) [5]

Hinzu kommt, daß nicht nur Personen Politik machen, sondern daß dies ebenso in und durch Institutionen geschieht. H.Schatz hat in seiner Untersuchung (1972) festgestellt, daß "beispielsweise sehr viel häufiger über Personengruppen und einzelne Politiker als über Institutionen wie Bundestag, Parteien oder Ministerien berichtet" wird. (S.112) Die Wirkung dieser Tatsache werde dadurch verstärkt, daß politische Akteure häufiger in Filmberichten und bebilderten Nachrichten aufträten, während Institutionen häufiger in den Wortnachrichten behandelt würden. Zwar muß gesehen werden, daß Institutionen als solche schwierig durch Bild, Film oder Grafik zu fassen sind und dies ist ja das Medienspezifische des Fernsehens. Andererseits aber besteht dann die massive Gefahr, daß über bestimmte Sachverhalte nur deshalb berichtet wird, weil man dazu Bildmaterial besitzt. Daß dies keine bloße Vermutung ist, zeigt die Äußerung des Tagesschau-Redakteurs M.Abend: "Was der Zuschauer zu sehen bekommt, ist nicht nur von der Entscheidung der Redakteure abhängig, sondern in viel stärkerem Maße davon, was gefilmt wird und was sich überhaupt filmen läßt." (1974a, S.177)

Die Konzentration der Berichterstattung auf einige politisch handelnde Personen kann als Anhaltspunkt dafür gelten, daß Nachrichtensen-

---
[5] vgl. dazu auch G.Dahlmüller u.a., 1973, S.98f; O.Negt/A.Kluge, 1973.2, S.184f; besonders auch den Nachweis der "Dominanz der Unterhaltung" im Fernsehen bei C.Burrichter, 1970, S.123-126

dungen eine Personalisierung im Sinne von "Männer machen Geschichte" begünstigen: "Die manipulativen Elemente der personalen Komponente in den Fernsehnachrichten werden jedoch erst deutlich, wenn man die Häufigkeit der Nennung von Personen und Institutionen im Zusammenhang mit einigen anderen Daten der Inhaltsanalyse betrachtet und im Rahmen einiger Ergebnisse der Wirkungsforschung interpretiert." (R.Geißler, 1973, S.175) Dann kommt man nämlich mit H.Schatz zu dem Ergebnis, daß eine auffallende Ähnlichkeit zwischen dem Bekanntheitsgrad bestimmter Politiker in der Öffentlichkeit und der Häufigkeit ihres Auftretens im Fernsehen besteht. (1972, S.116ff)

Zusammenfassend ist zu sagen, daß die besonders von der Tagesschau geübte Praxis, beim Nennen eines "prominenten" Namens ein dazugehörendes Bild einzublenden, zu einer Entpolitisierung der Zuschauer führt. "Diese billige Unterlegung einer verbalen Mitteilung mit einer visuellen Scheininformation trägt durch die generelle Übermacht des Visuellen über das Verbale dazu bei, daß ungeachtet des übermittelten Inhaltes die Aufmerksamkeit des Zusehers darauf gelenkt wird, w e r etwas sagte und nicht darauf, w a s gesagt wurde. ... Es bedarf keiner näheren Ausführung, daß dieser Effekt einer personalisierenden Berichterstattung die Grundfeste von Demokratie, die Kritikfähigkeit an 'Obrigkeiten' und den Abbau von institutionalisierter und nicht sachgebundener Autorität untergräbt." (L.Holzinger u.a., 1973, S.6o)

Im Anschluß an die nun jeweils folgenden Abschnitte sollen die dargelegten Inhalte noch einmal zusammengefaßt werden. Dies geschieht in Form von Lernzielen, die somit auch das Gerüst für mögliche Unterrichtseinheiten abgeben können. Es handelt sich dabei in erster Linie um kognitive Lernziele.

So geht es hier und bei den weiteren Abschnitten zunächst um die Rekonstruktion und Reorganisation der im Unterricht vermittelten Inhalte, erst später um einen möglichen Transfer dieser Inhalte auf andere Zusammenhänge und schließlich als weiteren Schritt um problemlösendes Denken.

Die Ziele sind im folgenden bereits sehr differenziert formuliert, um ein möglichst breites Spektrum anzubieten. Methodische Anregungen werden in den Anmerkungen dort gegeben, wo sie nützlich erscheinen.

Der Schüler kann Elemente des dramaturgischen Aufbaus der Fernsehnachrichten bestimmen und an Beispielen erläutern.
Der Schüler kann Gründe für eine starke Personalisierung von politischen Zusammenhängen und Vorgängen in den Fernsehnachrichten nennen.
Der Schüler kann die dadurch zu erzielenden oder beabsichtigten Wirkungen erklären. Er kann diese in einen gesellschaftlichen Zusammenhang stellen.
Der Schüler kann den Zusammenhang zwischen Personalisierung und dem Versuch und Anspruch zu Objektivität erklären und eine mögliche Einseitigkeit der Berichterstattung durch Personalisierung begründen.
Der Schüler kann beschreiben, wie sich eine solche personalisierende Berichterstattung auf die Behandlung von Minderheiten und Institutionen auswirkt.
Der Schüler kann andere Formen der Personalisierung in verschiedenen Bereichen des gesellschaftlichen und kulturellen Lebens beschreiben.

- Isolierung

Es braucht nicht eigens betont zu werden, daß die hier herausgearbeiteten Strukturelemente von Fernsehnachrichtensendungen sich nicht immer sauber voneinander trennen lassen. Sie sind vielmehr voneinander abhängig und bedingen sich gegenseitig. So ist auch das Element der Isolierung bestimmter Tatbestände von ihren Ursachen und Hintergründen zu verstehen. Denn auch die Personalisierung von Ereignissen stellt eine Isolierung dar, in der der Hauptakzent auf die Person des jeweiligen Akteurs gelegt wird. Auf die Tatsache der Isolierung als allgemeines inhaltliches Strukturelement soll hier aber vornehmlich eingegangen werden. Auch hier aber treten wieder die Notwendigkeit der Praxis und die Erfordernisse einer politischen Bewußtseinsbildung der Zuschauer durch die Fernsehanstalten in Konkurrenz.

Tagesschau und Heute bringen Nachricht als "Mitteilung über Vorgang, Zustand oder Aussage". (M.Abend, 1974a, S.169) Sie beschränkt sich auf Tagesereignisse. "Sie muß beim Zuschauer auch kontinuierliches Sehen und Zusatz-Information durch andere Medien voraussetzen, kann nicht zu täglich sich weiterentwickelnden Ereignissen täglich wieder den gesamten Hintergrund und sämtliche Auswirkungen beleuchten. ... Zusammenhänge und Hintergrund - gesellschaftlich, politisch oder historisch - können aber jeweils nur dann gebracht werden, wenn ein Thema am betreffenden Tag - zum erstenmal oder nach längerer Zeit wieder - neu auftaucht. In diesem Zusammenhang muß auf den Informations-Verbund im Fernsehen verwiesen werden." (M.Abend, 1974a, S.169) M.Abend nennt hier eine Vielzahl von Voraussetzungen, die die Nachrichtenredakteure bei ihrer Arbeit binden: daß sich diese Nachrichtensendung auf Tagesereignisse beschränkt, nur Erst-Information liefert, von Zuschauern fortwährend gesehen wird, Hintergründe in anderen Sendesparten aufgearbeitet werden. Dies mag die tägliche Arbeit der Redakteure bestimmen. Aber ist nicht zu fragen, ob dies insgesamt nicht vielmehr benutzt wird als Alibi für Nachrichtensendungen, die an den Bedürfnissen der Zuschauer vorbeiproduziert werden?

Tagesschau und Heute bestehen "überwiegend aus einer Aneinanderreihung von Fakten ohne erkennbar gemachten Bezug zu komplexeren Problemzusammenhängen". (H.Schatz, 1972, S.111) Eine Meldung wird in die Nachrichtensendung aufgenommen, weil das Ereignis, über das sie berichtet, an dem betreffenden Tag stattgefunden hat. Nicht aber etwa, weil die Kenntnis dieser Nachricht zum Begreifen eines größeren Zusammenhangs nötig wäre. Pointiert könnte man weiter folgern, daß die Tatsache, daß Nachrichtensendungen in der Beliebtheitsskala unmittelbar vor den Sendungen des Unterhaltungsprogramms (Kriminal-, Kinospielfilme u.ä.) stehen, daß demnach die "Tagesnachrichten als Sensation und human-interest news rezipiert" werden, ihr Gehalt an rationaler Information über das politische Geschehen demgegenüber zweitrangig ist.[6] Verstärkt wird diese Tendenz dadurch, daß die Fernsehnachrichten nur "bruchstückhaft Fakten der politischen Szenerie" weitervermitteln. (R.Geißler, 1973, S.17o)

Hinzu kommt, daß das Wissen um einige Ereignisse und Persönlichkeiten, überspitzt formuliert, das Wissen um die Aktionen einiger Per-

---

6 vgl. G.Dahlmüller u.a., 1973, S.63f; BMJFG, 1975, S.22off

sonen bei verschiedenen Ereignissen, nicht gleichzusetzen ist mit politischer Bildung und Einsicht in die Komplexität der Probleme. Vielmehr hinterläßt das Fernsehen bei Zuschauern, "die sich kaum durch Lektüre zusätzlich informieren, ein völlig simplifiziertes Bild der politischen Praxis". (R.Geißler, 1973, S.194)

Dabei aber entsteht die Gefahr, daß durch die Vernachlässigung der Darstellung des geschichtlichen Prozesses der Entstehung einer Nachricht der Eindruck erweckt wird, daß hier Unmittelbarkeit geboten wird. "Kein anderes Medium vermittelt ähnlich klar mit dem Schein der Unmittelbarkeit gleichzeitig den Schein der Vollständigkeit und vermag an die Stelle eines Bewußtseins des Zuschauers vom eigentlichen Produktionsvorgang das bloße Resultat am Bildschirm zu setzen." (O.Negt/A.Kluge, 1973.2, S.18of)

Die Vermittlung des geschichtlichen Entstehungsprozesses einer Nachricht ist aber unter zwei Gesichtspunkten wichtig: Einmal in Bezug auf das Werden des Ereignisses selbst, das zu einer Nachricht geführt hat, also Hintergründe, Vorgeschichte, nähere Umstände, mögliche Folgen, erste Auswirkungen. Zum anderen aber auch der Entstehungsprozeß innerhalb der Nachrichtenredaktion, das heißt der Verarbeitungsprozeß vom Eintreffen einer Meldung bis zur Verlesung am Bildschirm. [7]

---

[7] Das müßte nicht immer in aller Ausführlichkeit geschehen. Dem Zuschauer den Eindruck zu geben, daß die vom Sprecher vorgelesene Meldung nicht von ihm formuliert ist, sondern das Ergebnis der Zusammenarbeit vieler , könnte ein erster Schritt zu dieser Zusatzinformation sein. Mit Hilfe eines einfachen Tricks ließe sich das erreichen: In einer Nachrichtensendung der BBC sah man hinter dem Nachrichtensprecher den Arbeitsraum der Redaktion mit Fern-

Dies sei am Beispiel der Berichterstattung über Streiks näher erläutert: Die Tatsache eines Streiks steht im Mittelpunkt der Meldung, nicht aber die eigentlichen Ursachen, die hierzu geführt haben. "Das, was an der Oberfläche schwimmt, gezählt und fotografiert werden kann, kommt allein als Nachricht in Betracht. Die Nachricht ist damit der historischen Genese entkleidet und für denjenigen, der nicht ohnehin Bescheid weiß, bestenfalls wertlos, wenn nicht sogar Fehlinformation. So wird Nachricht ... zur bloßen Verdoppelung des Bestehenden und versperrt durch ständige Hervorhebung dessen, was bereits ist, mit der Begründung, daß es jetzt schon so und nicht anders sei, die Sicht auf die sozialen Bedingungen des Werdens und der Veränderung." (G.Rager, 1971, S.462) [8]

Von einem etwas anderen Gesichtspunkt aus gesehen sind Fernsehnachrichten fertige Antworten, die präsentiert werden, ohne die fragende Ausgangsposition mitzuliefern. (s. L.Holzinger, 1972b, S.38) Hinzu kommt die Orientierung der Nachrichtengebung an der "Sensationalität von Erstereignissen", ohne den weiteren Verlauf der da-

---

schreibern, Schreibmaschinen, Büromöbeln und den an diesen Geräten arbeitenden Redakteuren. Es war leicht zu assoziieren, daß ein Zusammenhang besteht zwischen der Arbeit im Hintergrund und dem verlesenen Text vorne. Als dann ein Kommentar gesprochen wurde, verdeckte eine heruntergelassene Jalousie den Redaktionsraum, damit zeigend, daß dies nicht Ausfluß jener Arbeit war, sondern Meinungsäußerung des Kommentators.
Es besteht kein Zweifel, daß auf diese oder eine ähnliche Art ein Teil der "Authentizität" der Fernsehnachrichten abgebaut werden könnte. Das darf nicht in einer Weise geschehen, daß der Hintergrund von den eigentlichen Nachrichten ablenken würde, noch darf dies während der gesamten Sendezeit geschehen. Dies wäre aber langfristig "informativer" als die Porträtfotos von Politikern.
8 vgl. auch L.Holzinger, 1972a, S.27

durch ausgelösten politischen und sozialen Veränderungen weiter
zu verfolgen. (s. L.Holzinger u.a., 1973, S.38)

Dies belegt besonders deutlich die Berichterstattung über die Länder der Dritten Welt. Sie werden erst dann in den Fernsehnachrichten erwähnt, wenn dort Katastrophales vor sich geht: Putsch oder Entführung, Erdbeben oder Mißernten mit Hunger und Tod. Eine solche Berichterstattung hat verheerende Folgen für die Urteilsbildung der Zuschauer. Daß aber andererseits gerade Putsch und Entführung nicht Augenblicksereignisse sind, sondern einen meist genau zu umreißenden sozialen und gesellschaftlichen Kontext haben, wird in den Fernsehnachrichten verschwiegen. Will man hier Hintergründe erfahren, ist man - vorausgesetzt man bleibt beim gleichen Medium - auf die politischen Magazine oder gelegentliche Features der Auslandskorrespondenten angewiesen. Dies wiederum aber kann nur von dem geringsten Teil der Zuschauer von Fernsehnachrichten erwartet werden.

Da aber zudem den meisten Zuschauern dieser Sendungen Zeit und Möglichkeit fehlt, sich - die gesehenen Nachrichten kontrollierend - weiter zu informieren durch Rundfunk oder Presse, müssen diese Zuschauer mit dem in Tagesschau und Heute gelieferten Bild der Welt vorliebnehmen. Die Meldungen der Fernsehnachrichten erscheinen als reine Information und strukturieren einen Teil der Wirklichkeit für das Individuum. "In vorgegaukelter Sachlichkeit, ihres eigenen sozialen Hintergrunds enthoben, bilden sie fürs Individuum wiederum die Grundlage zur Interpretation aller weiteren Ereignisse und Informationen, die außerhalb des Bereichs der persönlichen Erfahrung liegen." (G.Rager, 1971, S.462)

Dadurch aber, daß die Meldungen nicht ihre soziale, gesellschaftliche und wirtschaftliche Bedingtheit mitliefern, sondern nur als Phänomene ohne historische Genese angeboten werden, tragen solche Nachrichten zu einer Stabilisierung der bestehenden Verhältnisse bei. Dies ist sicher einerseits dadurch bedingt, daß diese Sendungen in aller Regel das vermitteln, was ihnen von außerhalb angeboten wird. Sie produzieren nicht eigene Beiträge, wie etwa die Magazine. Nur wird oft übersehen, daß die "gouvernamentale Komponente" von Fernsehnachrichten, die H.Schatz feststellt (1972, S.115f), ja nicht als naturgegeben angesehen werden muß. Oberstes Kriterium für die Auswahl der Nachrichten ist die Betroffenheit der Zuschauer (s. WDR, 1976) [9]; wobei dies noch kein ausreichendes Kriterium sein kann, denn eine Modenschau in Paris (so H.-J.Reiche, 1967, S.118) macht sicherlich ganz anders betroffen als Tarifverhandlungen oder die Erhöhung der Telefongebühren. Forderung bleibt, daß nicht das "reine" Faktum gemeldet wird, sondern daß dieses in einen größeren Zusammenhang gestellt und nicht als kritischer Höhepunkt dargestellt

---

9 "Ich würde sagen, daß die allgemeine Auswahl für Nachrichten die sein sollte, was betrifft den Zuschauer. Und Betroffenheit kann sein, daß es ihn angeht, an seinen Geldbeutel, also Tarifverhandlungen, es kann aber auch angehen, Betroffenheit mit einem Unglück, z.B. eine schwere Katastrophe macht Betroffenheit beim Zuschauer und deswegen ist das auch ein Nachrichtenthema, obwohl es ja von vielen bezweifelt wird. Die sagen, wir wollen damit nur ein bißchen Sensationskitzel machen. Ich würde sagen, das sind die Hauptkriterien, daß man versucht, das zu melden, was den Zuschauer betrifft und ... betroffen macht." K.D.Siegloch auf die Frage nach den Hauptproblemen seiner Arbeit. (WDR, 1976)

wird, sondern als Teil einer Entwicklung, die schon über einen längeren Zeitraum läuft und vorläufig noch keinen Abschluß gefunden hat.

Das Dargelegte zusammenfassend, lassen sich folgende Lernziele formulieren:

Der Schüler kann Möglichkeiten nennen, vorgenommene Isolierung von Ereignissen und Vorgängen aufzubrechen.
Der Schüler kann Fälle beschreiben, wo solche Isolierung als Stilmittel eine Funktion und Berechtigung hat.
Der Schüler kann die möglichen Folgen einer ständig auf Isolierung basierenden Berichterstattung nennen.[10]

- Stabilisierung

Während Personalisierung von Ereignissen und Isolierung von Vorgängen von Genese und Hintergründen eine Vereinfachung darstellen, die mit den Umständen, unter denen Fernsehnachrichten produziert werden, zusammenhängen und durch diese bedingt sind, so führt das jetzt zu behandelnde Strukturelement unmittelbar in die Arbeitsweise der Nachrichtenredakteure. Denn durch die von ihnen getroffene Auswahl der zu sendenden Meldungen werden die bestehenden Verhältnisse verfestigt: Repräsentanten von Organisationen, Parteien und Interessengruppen kommen eher zu Wort als die Vertreter von Spontangruppen oder Bürgerinitiativen, die Regierungsvertreter eher

---

[10] Im Falle der Isolierung ist die Hinzuziehung anderer Medien ein wichtiges zusätzliches Hilfsmittel. Hier können dann verschiedene, in den Fernsehnachrichten von ihrem Zusammenhang und ihrer Entstehung isolierte Meldungen ergänzt werden. Außerdem können selbst Versuche gemacht werden, eine "Isolierung" vorzunehmen. Man könnte den Ödipus, das Nibelungenlied oder Shakespearedramen so kürzen, daß eine bloße Leichenerzählung herauskommt. Dies wäre eine Parodie. (dazu o.Negt/A.Kluge, 1973.2, S.2o8)

als die Oppositionsvertreter. Die Reihe ließe sich fortsetzen. [11]
Deutlich aber wurde schon, daß in den Nachrichten darüber berichtet wird, daß das System funktioniert, nicht aber, wie es funktioniert und welche Alternativen möglich wären. Selbst wenn M.Abend schreibt, daß "gesellschaftlicher Wandel ... von den Nachrichtensendungen nicht betrieben, sondern wiedergespiegelt" wird (M.Abend, 1974b, S.214), so werden solche Wandlungen erst dann nachrichtenrelevant, wenn mit ihnen ein hervorstechendes Ereignis verbunden ist oder andere Medien darüber in größerem Umfang berichten. Als auf Hinweise der DKP der Bochumer "Giftmüll-Skandal" entdeckt wurde, berichtete die Tagesschau darüber erst, als der SPIEGEL eine Geschichte darüber schrieb und erweckte den Eindruck, daß SPIEGEL-Redakteure die Entdecker dieses Verbrechens seien. Ähnliches läßt sich bei der Berichterstattung über die PVC-Erkrankungen im Troisdorfer Dynamit-Nobel-Werk beobachten.

Die Nachrichten hätten die gesellschaftlichen Gruppen einer pluralistischen Gesellschaft zu berücksichtigen und sich an den von der Gesellschaftsordnung geprägten Denk- und Verhaltensweisen der Zuschauer auszurichten. "So wirken Nachrichten, weil sie sich im Rahmen der jeweiligen Verfassung und Gesellschaftsordnung zu halten haben, per se systemstabilisierend; denn entsprechend ihrem Auftrag zu umfassender Information haben Nachrichtensendungen auch über reformerische und auch über revolutionäre Ideen und Handlungen sachlich zu berichten." (M.Abend, 1974a, S.17of)

---
11 vgl. BMJFG, 1975, S.235; auch P.Faecke, 1975, S.59; L.Holzinger, 1972a, S.32

Die Frage, ob über bestimmte Inhalte und Handlungen überhaupt sachlich berichtet werden kann, sei hier offengelassen, kann aber mit Recht bezweifelt werden. M.Abend übersieht bei seinem Pluralismuskonzept von Fernsehnachrichten, daß eine umfassende Information auch nicht in Näherungswerten möglich ist. Die Redakteure müssen auf jeden Fall auswählen. Oben wurde als Kriterium die Betroffenheit des Zuschauers genannt. Nun ist die "Stabilisierung des Status quo" als Ziel der Nachrichtengebung so nicht möglich, denn es wäre "zutiefst undemokratisch, weil eine Gesellschaft, in der dies auf demokratische Weise möglich sein sollte, ideal statisch, harmonisch und uniform sein müßte. Eine solche gibt es nicht. Demnach bietet sich ... ein 'Leitziel' an: Demokratisierung der Nachrichtenvermittlung (und nicht nur dieser) durch gerechte Verteilung der impliziten Macht." (A.Bubenik, 1973, S.6) Denn "politisch wirksam sind Fernsehnachrichten mit ihrer Bindung an einen breiten Konsensus nur dann, wenn die innenpolitische Situation selber vom Status quo abweicht". (E.Netenjakob, 1973, S.4)

Es wurde oben schon die Vermutung geäußert, daß die politische Information vielfach als unterhaltende Sendung verstanden und gesehen wird. Dies wird durch verschiedene Faktoren begünstigt, etwa auch durch die formale Präsentation, auf die später noch näher eingegangen wird. Sicher trägt dazu auch bei, daß in den Fernsehnachrichten nur wenige Meldungen gebracht werden, die die Zuschauer betreffen. Zumindest wird ihnen nur selten einsichtig gemacht, daß bestimmte Meldungen auch sie betreffen. (s. M.Geyer, 1973, S.8off)

So hat politische Information, die nicht als unterhaltende Zugabe mißverstanden werden soll, "deshalb zunächst im Bereich der sinnlichen Erfahrung, das heißt konkret am Arbeitsplatz, und in der Sozialisationssphäre, also bei den individuellen Interessen anzusetzen, mit der Aufgabe, ihren gesamtgesellschaftlichen Zusammenhang zu vermitteln. Wenn etwa im Ruhrgebiet Arbeiter spontan die Arbeit niederlegen, weil sich die Ertragslage ihres Unternehmens seit den letzten Tarifabschlüssen erheblich verbessert hat, um so eine Sonderzuwendung durchzusetzen, dann ist es den Zuschauer nicht betreffende Information, zu diesen spontanen Streiks die Vertreter der Werksleitung und Gewerkschaftsfunktionäre zu interviewen, die beide, wenn auch aus verschiedenen Gesichtspunkten, solche Arbeitsniederlegungen ablehnen, statt die streikenden Arbeiter selbst nach ihren Motiven zu befragen." (H.Schatz, 1972, S.121)

Die bestehende Ordnung wird so leicht zum obersten Maßstab, an dem sich Kritik auszurichten hat. "Die Relativierung jeder Kritik auf den Gesamtbestand des politischen Systems ist meines Erachtens eine unzulässige Einschränkung der Rundfunkfreiheit und in keinem Rundfunkgesetz vorgesehen. Mit solchen Richtlinien wird eine ruhende Mitte postuliert, die der Journalist in der Realität nirgends finden wird, die lediglich als Fiktion, als eine gedankliche Konstruktion existiert." (U.Paetzold, 1975, S.80; auch S.78) Zudem fördert sie eine Kommunikation von "oben nach unten", aber nicht eine solche von "unten nach oben". "Basisinteressen können über die Fernsehnachrichten keinen Einfluß auf die Politik der Spitze nehmen. In diesem Sinne muß auch die 'harmonisierende' Wirkung des Fernsehens interpretiert werden." (R.Geißler, 1973, S.173)

Einen Ausweg aus dieser Sackgasse, in die die Fernsehnachrichten ihre Zuschauer führen, weil sie deren politisches Bewußtsein nicht schulen, sondern bestehende Verhältnisse verfestigen, könnten die Fernsehmagazine bilden, die ja auch M.Abend als Ergänzung zu Tagesschau und Heute ansieht und von denen er behauptet, daß die Zuschauer beider Sendesparten identisch seien. (1974a, S.169f) "Unterstellt man ihnen (den Fernsehmagazinen; MT) einen demokratischen Inhalt - eine Hypothese, die durch eine Inhaltsanalyse zu überprüfen wäre und für die verschiedenen Magazine in unterschiedlicher Weise zutreffen dürfte - so könnten die manipulativen Wirkungen der Fernsehnachrichten bei einem Teil des Publikums, der auch politisch weniger Gebildete umfaßt, durch demokratisierende Impulse überlagert werden." (R.Geißler, 1973, S.19o)

Die Fernsehnachrichten erreichen also durch ihren dramaturgischen Aufbau eine Stabilisierung der bestehenden Verhältnisse. Dies wird unterstützt durch Faktoren wie Personalisierung und Isolierung. Die nun zu erstellenden Lernziele sollen dies noch einmal deutlich machen:

Der Schüler kann die stabilisierenden Elemente der Fernsehnachrichten nennen. Er weiß um deren Nutzen und um die Gefahren für ein dynamisches Gemeinwesen.
Der Schüler kann Möglichkeiten nennen, in Kommunikation mit den Fernsehmachern zu treten, um so nicht nur verkrustete Rezeptionshaltungen aufzubrechen, sondern auch den Machern einen "Basiskontakt" zu schaffen.

Der Schüler kann die in einer stabilisierenden Berichterstattung
enthaltenen Reduktionen, Ideologien und Attitüden
nennen. Er kann dazu medienimmanente und medienfremde Methoden entwickeln. Er kann zudem eine
Verknüpfung mit konkreten Lebenszusammenhängen
herstellen. (dazu auch A.Bubenik, 1973)
Der Schüler kann die Auswirkungen der Fernsehnachrichten auf die
Verwischung von Grenzen und Konturen zwischen
verschiedenen Gruppierungen nennen. Er vermag
die politische Propaganda aufzuzeigen, die durch
harmonisierende Nachrichtengebung entsteht.
Der Schüler kann eine "Symbolik politischer Herrschaftsansprüche"
beschreiben. Er ist in der Lage, solche in den
Fernsehnachrichten wiederzuentdecken. Er kann
Ansätze einer Abhängigkeit zwischen politischen
Akteuren und den Kommunikatoren in den Fernsehanstalten aufzeigen.

- Ritualisierung

Man könnte die Fernsehnachrichten als solche als Ritual bezeichnen.

Dies wird in der formalen Darbietung besonders deutlich, auf die

wir im nächsten Abschnitt zu sprechen kommen. Hier soll es darum

nicht gehen. Hier soll vielmehr gezeigt werden, daß die Fernsehnachrichten - selber schon Ritual - vornehmlich über Rituale in aller

Welt berichten.

Das führt dazu, "die Agierenden zu zeigen oder jene, die Verantwortung tragen oder betroffen sind, reden zu lassen". (M.Abend, 1974a,

S.177) Das Weltbild, das die außenpolitischen Informationen erzeugen, trägt dann leicht folgende Merkmale: Es ist gekennzeichnet

durch "formale diplomatische Aktivitäten, die durch die rituelle

Art ihrer Darbietung, ihre Unbeeinflußbarkeit für den 'Kleinen Mann'

und die Identifizierung mit ihnen verbieten". (L.Holzinger, 1973,

S.36) So konnte man während der verschiedenen Nah-Ost-Missionen des

damaligen amerikanischen Außenministers H.Kissinger diesen ständig

Flugzeugtreppen rauf- und runterlaufen, händeschüttelnd und winkend auf dem Flughafengelände stehen sehen. Hier erstarrt die politische Bedeutung dieser Besuche zum Ritual, den Zuschauern wird gezeigt, wie der Außenminister abfliegt und ankommt, als ob die entsprechenden Informationen sonst nicht geglaubt würden. Meist werden solche Bilder dem Kommentar unterlegt, dem so ein Teil der notwendigen Aufmerksamkeit entzogen wird. Ähnliches läßt sich bei der Berichterstattung über Konferenzen beobachten. Türen, die sich öffnen und schließen, Tische, an denen Männer sitzen und Belangloses sprechen. Das Eigentliche geschieht hinter verschlossenen Türen unter Ausschluß der Öffentlichkeit. [12]

Die Ritualisierung vor allem auf diplomatischer Ebene wird von den Nachrichtensendungen mit Vorliebe abgebildet, gelingt es doch hier wenigstens teilweise, Bild und Ton in eine gewisse Kongruenz zu bringen. Eine ähnliche Ritualisierung findet sich aber auch im politischen Sprachgebrauch. Redewendungen wie "im gegenseitigen Einvernehmen", "beidseitig interessierende Fragen" oder "die Grundsätze der freiheitlich demokratischen Grundordnung" dienen weder der Information der Zuschauer noch der Darstellung tatsächlicher Sachverhalte, sondern vielmehr dazu, in Statements Aktivitäten vorzutäuschen, die tatsächlich nicht oder nicht so vorhanden sind. Dadurch, daß die Fernsehnachrichten solcherart formulierte Stellungnahmen dem Zuschauer präsentieren, fördern sie die Ritualisierung der politischen Sprache und verhindern eine Information der Zuschau-

---
12 vgl. V.v.Hagen, 1967, S.95f

er. Aufgabe der Interviewer oder Redakteure sollte hier sein, solch verkrusteten Sprachgebrauch aufzubrechen, solch erstarrte Floskeln zu hinterfragen und so den Zuschauern Informationen zu bieten, mit denen diese etwas anfangen können.

Auf eine Reihe solcher Sprachformen wird später noch einzugehen sein. Im übrigen sollte aber auch nicht übersehen werden, daß in den Formulierungen der Redakteure selbst solche Floskeln in zunehmendem Maße gebraucht werden, wahrscheinlich mit der Begründung, daß sich so manches kürzer ausdrücken lasse; dies sei eine Forderung der knappbemessenen Zeit.

Ritualisierung von Fernsehnachrichten mag arbeitstechnische Notwendigkeit sein. Bilden diese Sendungen aber selbst wiederum Rituale und Ritualisierungen ab, so potenziert sich die Wirkung: Nicht Inhalte, sondern Formen werden gezeigt. Dies den Schülern zu vermitteln, ist vorrangig erforderlich. Dabei sollte die Untersuchung dieser Phänomene nicht auf Fernsehen beschränkt bleiben, sondern hier besonders scheint der Transfer von Inhalten und Erkenntnissen auf andere Bereiche menschlichen Zusammenlebens wichtig. Vor diesem Hintergrund sind folgende Lernziele zu nennen:

Der Schüler kann Rituale des täglichen Lebens beschreiben. Er vermag dabei Gemeinsamkeiten zu finden. Er kann unterscheiden zwischen Ritualen, die im zwischenmenschlichen Bereich sich abspielen und zwischen Institutionen. Er ist in der Lage, den unterschiedlichen Aussagewert von Ritualen zu beschreiben. Er kann zudem ihren kommunikativen Gehalt erklären.
Der Schüler kann Notwendigkeiten für Ritualisierungen nennen. Er kann Ritualisierung als Stilmittel finden und deuten.

Der Schüler kann die Grenzüberschreitung von Ritualisierung hin zu Manipulierung beschreiben.
Der Schüler kann Möglichkeiten nennen, ritualisierte Umgangs- und Sprachformen aufzubrechen und zu hinterfragen. Er vermag Alternativen anzubieten.[13]

3.12 Formale Darbietung

Die oben beschriebene Ritualisierung von Bereichen des öffentlichen Lebens, über die Tagesschau und Heute täglich berichten, gilt auch für diese beiden Sendungen selber, für die Tagesschau in größerem Umfang. Es sind vor allem drei Elemente, die dazu beitragen: der Sprecher, im ZDF der Redakteur im Studio; die Initiation mit Uhr, Fanfare und Indikativ; schließlich das Finale mit Wetterkarte und Absage. Die Kombination von Bild und Ton ist inzwischen zumindest bei der Tagesschau so weit fortgeschritten, daß man hier ebenso von einer Ritualisierung sprechen kann. Insgesamt also erleichtert die formale Präsentation der Fernsehnachrichten den Zuschauern das Zusehen durch eine Verfestigung des Ablaufs, die Assoziationen ermöglicht und erleichtert.

- Sprecher

Die auffallendste Unterscheidung zwischen den Nachrichtensendungen der beiden Systeme ARD und ZDF bildet der Sprecher. In der Tagesschau ist er nach der Programmreform an den Bildrand gerückt, er steht nicht mehr wie früher im Mittelpunkt des Bildes. "Er soll nicht Verkünder von Wahrheiten, sondern Vermittler der Nachrichten

---

13 Hier bieten sich vor allem Rollenspiele an, in denen Ritualisierungen nachgespielt werden. Alternativen sollten gefunden und gespielt werden.

sein, die dafür ausgebildete Redakteure zwar als Subjekte, aber im Bemühen um größtmögliche Objektivität im Sinne von Wirklichkeitstreue ausgewählt und formuliert haben." (M.Abend, 1974)

Dazu ganz im Gegensatz hat der "Redakteur im Studio", ein Journalist also, in der ZDF-Sendung die Aufgabe, "die Nachrichtenvermittlung - ohne weniger objektiv zu sein - zu 'vermenschlichen'". (H.Schättle, 1974) Der Redakteur muß sich zudem nicht nur formal mit der Sendung identifizieren, sondern auch inhaltlich, weil er die Zusammenstellung der Sendungsinhalte mitbeeinflußt, Texte redigiert und zum Teil selbst geschrieben hat. So kann der Redakteur auch eher den "Auswahlcharakter der Sendung und die journalistischen Vorentscheidungen, die ihr jeweils zugrunde liegen" andeuten als ein Sprecher, der "Nachrichten wie das Evangelium" verkündet. (s.D.Bavendamm, 1974) Allerdings muß aber auch gesagt werden, daß die Redakteure des ZDF diese Chance bis heute nicht genutzt haben, es hat vielmehr den Anschein, als paßten sie sich immer weiter dem Stil der Tagesschau an.

Hinzu kommt, daß die Sprecher leicht durch ihre Kleidung von dem, was sie vorlesen, ablenken. "Denn bei der Auswahl, die hinsichtlich der Nachrichtensprecher getroffen wird, machen Kleidung und Gesten einen nachhaltigeren Eindruck als das Gesicht - wird o p t i s c h konsumiert und überlagert die akustisch verbreiteten Worte und deren intellektuellen Konsum." (E.Kuby, 1963, S.72) Das führt leicht dazu, daß manche Zuschauer eher die Farbe der Krawatte des Nachrichtensprechers bemerken als den Inhalt einer Meldung. Hinzu tritt ein weiterer Effekt: E.Kuby möchte den Sprecher als "Vertrauensbolzen" charakterisieren, der zu der Spontanreaktion verleiten könnte: "Ach?! Denn so ein reizender Mann kann doch unmöglich etwas so Gräßliches mitteilen." (1963, S.73) Es sei erinnert an die schon oben erwähnte Gefahr, Nachrichtensendungen als Unterhaltung zu konsumieren. Motto: Karl-Heinz Köpcke präsentiert Nachrichten entsprechend Peter Alexander präsentiert Spezialitäten.

Die formale Darbietung der Fernsehnachrichten versucht, dramaturgische Elemente mit den Erfordernissen der audiovisuellen Umsetzung zu verbinden. Dabei beschränkt sie sich bei dieser Sendeform auf die Wiederholungseffekte. Zentraler Richtpunkt dabei ist der Sprecher. So sind dies die Lernziele:

Der Schüler kann die Bestandteile der formalen Darbietung der Fernsehnachrichten nennen.
Der Schüler kann die Aufgabe der Sprecher beschreiben. Er kennt den grundsätzlichen Unterschied zwischen dem Sprecher (ARD) und dem Redakteur im Studio (ZDF).
Der Schüler kann beurteilen, ob der Sprecher Teil eines Rituals oder selbst schon eines ist. Er kann Alternativen vorschlagen.
Der Schüler kann die Bedeutung der Sprecherrolle für die Struktur der Sendung überhaupt beschreiben.[14]

---

[14] Auch hier bieten sich Rollenspiele an, in denen die Schüler, an der Person des Nachrichtensprechers orientiert, verschiedene Möglichkeiten der Nachrichtenpräsentation versuchen können. Durch verschiedene Verfremdungsmöglichkeiten können die Schüler den Wert oder Unwert des Sprechers erkennen und so auch in den tatsächlichen Nachrichtensendungen bewerten. Hier bietet sich ebenfalls die Aufzeichnung der Spiele an. Hinzu können dann die später noch auftauchenden zusätzlichen Informationen durch Bilder und Grafiken kommen.

- Initiation

Unter dem Begriff der Initiation soll der Beginn der Fernsehnachrichten verstanden werden, der bei beiden Systemen sehr ähnlich ist. Ansonsten wird dieser Begriff vor allem in der Ethnologie verwandt im Zusammenhang mit den Riten, die die Aufnahme der Jugendlichen in den Kreis der Männer und Frauen bei Naturvölkern regelt. So kann dieser Begriff hier auch nur im übertragenen Sinne gebraucht werden als Umschreibung der Tatsache, daß jeden Abend neu die Fernsehanstalten den Versuch machen, ihre Zuschauer in den Kreis der Informierten aufzunehmen, ihnen zumindest diesen Eindruck vermitteln zu wollen. "Wenn im Fernsehen die Zeiger der Uhr auf 2o.oo Uhr springen und das Ritual der Tagesschau beginnt, wird auch das Vertrauen in eine Ordnung vermittelt, in der viel passieren kann, ohne daß die Grundformen des politischen Alltags erschüttert werden." (U.Paetzold, 1975, S.78)

Beiden Systemen ist die Uhr vorgeschaltet, im ZDF beginnt die Musik bereits fünf Sekunden vor der vollen Stunde, bei der ARD mit dem Umspringen des Zeigers auf die volle Stunde. Diese in Funkstille vorgeschalteten Uhren "verheißen Pünktlichkeit, Zuverlässigkeit, Aktualität". (G.Dahlmüller u.a., 1973, S.48) Diese Autoren interpretieren weiter: "Auf die Sekunde eingehaltene Sendezeit, die abendliche Selbstdemonstration dieser Pünktlichkeit, suggerieren beim Zuschauer eine Exaktheit und Gründlichkeit, auch Schnelligkeit der Wiedergabe, die kein Nachrichtenprogramm der Welt erfüllen könnte." (S.48) Nun sind die Vorspanne der beiden Nachrichtensendungen bescheidener geworden. Kamen früher aus allen Teilen der

Weltkarte die Elemente für Heute zusammen, so ist dort heute nur
der Schriftzug zu lesen. Auch bei der ARD strahlen die Funkwellen
nicht mehr über die gesamte Weltkarte, sondern verbreiten sich
von unten aufsteigend horizontal über das Bild.

Die täglich wiederkehrenden äußeren Formen erleichtern das Erkennen für die Zuschauer. Der immer gleiche Aufbau zeichnet auch
die Unterhaltungsserien und deren Erfolge aus. Vorspann und immer
gleicher Sprechergruß erleichtern die Identifikation.

Diese Erleichterung der Identifikation wird besonders bei den Serien des Werberahmenprogramms eine wichtige Rolle spielen. Die
mögliche Wirkung der Initiation bei den Nachrichtensendungen sollte aber auch nicht übersehen werden. Folgende Lernziele sind zu
nennen:

Der Schüler kann die Bedeutung des Initiationsrituals beschreiben.
            Er vermag andere Initiationsrituale zu beschreiben und zu deuten. Er vermag ihre Berechtigung
            nachzuweisen oder deren Ablehnung zu begründen.
Der Schüler kann Alternativen zu den Initiationen der Fernsehnachrichten entwickeln. Er vermag die emotionale
            Besetzung dieser Anfänge gegenüber den tatsächlichen abzuwägen.
Der Schüler kann die unterschiedliche Wirkung von Bild und Musik
            bei der Initiation der Fernsehnachrichten bewerten.

- Finale

Das Ende, hier Finale genannt, der Nachrichtensendungen ist nicht
leicht eindeutig abzugrenzen. Es wird meistens eingeleitet durch
eine Meldung, die in einer Zeitung auf der "bunten Seite" stehen
würde. Oder jene "Nicht-Nachrichten ...", die im Kalender schon

Jahre vorher als Nicht-Nachrichten feststehen". (R.Lettau, zit. bei G.Dahlmüller u.a., 1973, S.54) Gemeint sind Geburtstage und Jahrestage. Dazu gehören auch Meldungen von Glückwunschtelegrammen oder Unfällen; beim ZDF ist es oft eine Überleitung zum Wetterbericht. "Fast alle Nachrichtengebiete haben gemeinsam, daß sie den Blick des Zuschauers auf natürliche, unvermeidbare Vorgänge richten, somit die ohnehin schon bei ihm vorhandene Tendenz fördern, alles Berichtete resignierend hinzunehmen: den Tod eines Greises wie die Wahlen in Südvietnam, den Taifun in China wie die industrielle, kriminelle Verseuchung unserer Flüsse." (R.Lettau, zit. bei G.Dahlmüller u.a., 1973, S.55)

Dieser "versöhnende" Schlußakkord wird bei beiden Systemen abgerundet durch den Wetterbericht. In der ARD wird dazu eine Wetterkarte gezeigt, die das im Text Ausgedrückte in Bildsymbole umsetzt. Hier gelingt das einzige Mal in den Nachrichtensendungen die Kongruenz von Text und Bild. Im ZDF wird der Wetterbericht von einem Meteorologen vorgetragen. Hierdurch soll wohl die Werkstattatmosphäre, die das Studio an sich schon ausstrahlt, gegen einen gewissen Perfektionismus bei der ARD abgehoben werden. Informativer ist diese Präsentationsform deshalb nicht.

Ebenso wie die Initiation die Identifikation der Sendung und die Identifizierung der Zuschauer erleichtern soll, so ist die Funktion des immer gleichen Finales der "versöhnende Abschluß" als Einstimmung in das folgende Abendprogramm. Als Lernziele lassen sich also formulieren:

Der Schüler kann die Wirkung der "vermischten Meldung" am Schluß
der Nachrichten bewerten. Er vermag sie in den
Kontext der vorangegangenen Meldungen zu stellen.
Der Schüler kann die verschiedenen Wettervorhersagen vergleichen
und ihre unterschiedlichen Mittel bewerten. Er
vermag die Mediengemäßheit zu prüfen.
Der Schüler kann den stets gleichbleibenden Schluß mit dem stets
gleichbleibenden Beginn vergleichen und Gemeinsamkeiten und Unterschiede aufzeigen.

- Wort-Bild-Kombination

Es wurde schon über die Schwierigkeit gesprochen, vor der die Redakteure der Fernsehnachrichten stets stehen: "Zu der strengen
Diktion eines Nachrichtentextes gibt es keine optische Entspre-
chung." (J.Kraft, 1972, S.14) Die Tagesschauredaktion verfügt seit
der Reform der Sendung im Sommer 1973 über die Möglichkeiten des
Blue-Screen-Verfahrens: "Hinter dem Sprecher ... wird jeweils eine
zur Meldung passende Illustration eingeblendet. Sie soll das Thema
der Nachricht auf so einfache Art signalisieren, daß es der Zuschauer assoziativ erfaßt und damit mehr Aufmerksamkeit frei hat
für die Details der vom Sprecher gleichzeitig verlesenen Meldung."
(M.Abend, 1974)

Bei der Tagesschau ist dies schon inzwischen zur Manie geworden.
Keine Meldung ohne entsprechende Illustration, und sei es die Umrißkarte der Bundesrepublik mit einem Ortsnamen, damit man wenigstens weiß, w o ein bestimmtes Ereignis sich zugetragen hat.
Die Gefahr liegt auf der Hand: einmal werden Meldungen auf geogra-
fische Angaben verengt, wenn etwa zu der Meldung über die größte
Rauschgiftkriminalität in der Bundesrepublik Deutschland die Umrißkarte dieses Gebietes mit der Ortsangabe München erscheint, dann

wird die Tatsache über Gebühr betont, daß dies auf einer Presekonferenz in München festgestellt wurde, anstatt auf die Hintergründe hinzuweisen, die möglicherweise dazu geführt haben.

Ähnlich: Verhandlungen Kissingers in Moskau. Die Tagesschau zeigt eine Karte, Umrisse der beteiligten Länder, die Hauptstädte und mittendrin das Foto von H.Kissinger. Über den Inhalt der Verhandlungen wird nichts gezeigt, lediglich auf die Tatsache hingewiesen, daß H.Kissinger in der Sowjetunion ist. Die Tendenz ist deutlich: "Sobald Bild und Text verschiedene Assoziationen wecken können, überfordern sie das Apperzeptionsvermögen. des Zuschauers. Dessen Gedanken gehen eigene Wege und nicht die, auf welche der Text hinlenken möchte. Vom Bild gehen die stärkeren Impulse aus. Zerstreuung in des Wortes schlimmer Bedeutung kann die Folge sein. Die Mitteilung bleibt sicher unreflektiert, ohnehin schon deshalb, weil man sofort zum nächsten Sujet vorwärtsgedrängt wird." (V.v.Hagen, 1967, S.96) Hinzu kommt, daß oft Bilder gezeigt werden, die erst bei näherem Zusehen identifiziert werden können. So etwa das Bild, das bei Mitbestimmungsthemen eingeblendet wird: Tisch mit verschiedenen Kopfbedeckungen.

Diesem Versuch, jeden Text auch irgendwie zu illustrieren, erliegen die Tagesschauredakteure um so leichter, als sie die technischen Möglichkeiten dazu besitzen. Ob die Zuschauer deshalb auch mehr behalten von dem, was ihnen während einer Sendung angeboten wird, darf bezweifelt werden. Denn wie eine Untersuchung von H.Sturm ergeben hat, ist kein Unterschied festzustellen beim Wissensstand zwischen Fernseh- und Hörfunkrezipienten. Sie konnte keinen medienspezifischen Einfluß auf die Erst-Lernleistung feststellen, noch zeigten sich medienspezifische Langfristwirkungen. Das im Fernsehen Gesehene wurde ebenso schnell vergessen wie das im Hörfunk Gehörte. (H.Sturm, 1972, S.42) Insofern kann man der Tagesschau zwar nicht den Vorwurf machen, sie filme lediglich den Hörfunk ab und zeige die Tatsache, daß ein Mann einen Text lesen kann; sie bedient sich aber ihrer technischen Möglichkeiten in einer Weise, die die Zuschauer eher von den Meldungen ablenkt, als ihnen eine Aufnahme zu erleichtern. Vielleicht hängt auch damit zusammen, daß während dieser Fernsehsendung viele Nebentätigkeiten, die nichts mit dem Zuschauen zu tun haben, festzustellen sind. (s. B.Frank, 1973, S.151f) Das Bild bringt zu selten eine zusätzliche Information.

Dem widerspricht allerdings in gewisser Weise das Ergebnis einer Studie, die im Auftrag der ARD/ZDF-Medienkommission erstellt wurde. Dabei wurde die Verständlichkeit von Fernsehnachrichten ninsichtlich der "Erinnerung" und der "Wahrnehmung" auf Seiten des Zuschauers untersucht. Die Auswertung ergab beispielsweise, daß dann beim Zuschauer am wenigsten "hängenbleibt", wenn er nur einen Sprecher im Studio sieht. Das Blue-Screen-Verfahren der Tagesschau erleichtere vor allem den Zuschauern mit Hauptschulabschluß - 75 % des Tagesschaupublikums - das Verständnis.

Wichtigstes Ergebnis dieser Studie ist wohl, daß der Faktor "Thema" für die anschließende Erinnerungsleistung um ein vielfaches wichtiger ist als der Faktor "Darstellung". Mit anderen Worten gesagt, für das Verständnis beim Zuschauer und dessen Betroffensein ist wichtiger als ausgeklügelte Darstellungsformen mit Grafik, elektronischem Griffel oder ähnlichem die Auswahl der Themen: "Die Vermittlung von Nachrichten ist wichtig, die Auswahl von Nachrichten ist wichtiger." (K.Renckstorf, 1976, S.382) Allerdings sollte nicht übersehen werden, daß die Testsendungen eigens für diese Versuche produziert wurden - vor allem, um die verschiedenen möglichen Darstellungsformen und übereinstimmende Themenstellungen vergleichbar zu machen. Die Frage bleibt, ob aus der Untersuchung dieser "synthetischen Nachrichtensendungen" allgemeine Schlüsse gezogen werden dürfen. Das die Verbindung von Wort und Bild mit der darzustellenden Problematik wichtig ist, zeigen aber auch diese Ergebnisse.

Das Medium Fernsehen verbindet Wort und Bild zu einer gemeinsamen Information. Die Kombination von Wort und Bild ist ihm eigen. Zu fragen ist, ob das Bild ohne Text einen eigenen Informationswert bildet. Das Problem dieses Abschnittes wurde bereits früher und wird später noch behandelt; deshalb seien hier als Lernziele nur angeführt:

Der Schüler kann die wechselseitige Abhängigkeit von Text und Bild an Beispielen aufzeigen. Er kann beschreiben, in welchen Fällen Ablenkungen stattfinden, wo Unterstützungen.
Der Schüler kann die Bedeutung von Symbolen für die Unterstützung des Textes benennen. Er kann Symbole gegenüber

Bildern unterscheiden und ihre je eigene Wirkung
auch für die Kommunikation beschreiben.[15]

3.13 Audiovisuelle Umsetzung

Während bisher die inhaltlichen Strukturelemente der Nachrichtensendungen im Fernsehen – Personalisierung, Isolierung, Stabilisierung und Ritualisierung – vorgestellt wurden und auf die Kennzeichen der formalen Darbietung hingewiesen wurde, soll nun in einem dritten Schritt die audiovisuelle Umsetzung untersucht werden, also der Teil der Sendung, den die Zuschauer schließlich zu sehen bekommen. Die bis jetzt vorgestellten Elemente und Kennzeichen der Fernsehnachrichtensendungen sind alle mehr oder weniger verborgen. Sie treten erst bei einer sorgfältigen Analyse zu Tage. Gerade darum wurden sie ausführlicher behandelt. Im folgenden geht es um die beiden großen Faktoren Sprache und Bild, aus denen sich jede Fernsehsendung , nicht nur Tagesschau und Heute, zusammensetzt. Auch hier wird zu zeigen sein, wie durch eine ganz bestimmte Auswahl entsprechende Wirkungen erzielt oder vermieden werden.

– Wort

Auch wenn das Medium Fernsehen zunächst ein visuelles Medium ist, so kommt dennoch dem Text, der ebenfalls über dieses Medium ver-

---

[15] Es kann zur Veranschaulichung der jeweiligen Eigenwerte an Information sinnvoll sein, einen Teil der Schüler nur den Wortteil (durch Abdrehen des Bildes), einen anderen nur den Bildteil (durch Abdrehen des Tones) und als Vergleich dieser beiden Gruppen eine dritte beides rezipieren zu lassen und anschließend beispielsweise den Erinnerungsgrad ermitteln und vergleichen lassen.

mittelt wird, eine entscheidende Bedeutung zu. Dies gilt im besonderen für die Fernsehnachrichten. Das hat verschiedene Gründe, die von den Produktionsbedingungen der Macher bis zu den Rezeptionsgewohnheiten der Zuschauer reichen. Fest steht auch, daß diese Nachrichtensendungen zu den beliebtesten des gesamten Programmangebots gehören. Demgegenüber steht die Feststellung, daß eben die Mitteilung dieser Sendungen von der großen Mehrheit der Zuschauer weder verstanden noch behalten wird. (s. BMJFG, 1975, S.223)

Immer wiederkehrendes Beispiel dafür ist die letzte Frage im Spiel "Am laufenden Band": den beiden übriggebliebenen Kandidaten werden drei Fragen gestellt, die sich auf Meldungen der 9o Minuten zuvor gesendeten Tagesschau beziehen. Die Kandidaten hatten Gelegenheit, diese Nachrichten zu sehen, auch in dem Bewußtsein, daß ihnen dazu bei entsprechendem Spielverlauf in der letzten Runde Fragen gestellt werden. In den seltensten Fällen gelingt es den Kandidaten auch nur zwei Fragen richtig zu beantworten.Daß es dabei nicht unbedingt um mangelnde Gedächtnisleistungen geht, zeigt anschließend der Gewinner, wenn er sich möglichst viele Preise merken und wieder nennen muß. Dies ist das immer wieder vorgeführte Beispiel für die mangelhafte Didaktik der Hauptnachrichtensendung der ARD. Das hat Gründe in Bild und Sprache der Tagesschau. Neuerdings wird dies auch belegt durch eine Studie der Universität Tübingen, in der 73 Nachrichtenfilme von Tagesschau und Heute auf ihre Einstellungslängen hin untersucht wurden. Dabei ergab sich eine extreme Häufung von sehr kurzen Einstellungen. Die Schlußfolgerung der Wissenschaftler: "Visuelle Informationsüberflutung" und "thematisches Wechselbad" führen zu einer Überforderung, "der der Zuschauer mit desorientiertem Konsum zu entkommen sucht". (s. W.Teichert, 1976) Dadurch wird die schon früher erwähnte These erneut belegt, daß Nachrichtensendungen im Fernsehen beim Zuschauer wie Unterhaltung konsumiert werden, daß ihm diese Art des Konsums aber auch durch die Art der Präsentation erleichtert wird.

Nun darf keineswegs übersehen werden, daß das Transportmittel der Nachricht die Sprache ist, und zwar die herrschende Sprache. "Sprache vermittelt nicht 'Wirklichkeit', sondern vom jeweiligen Bewußtsein bestimmte Vorstellungen und Sinngehalte der 'wirklichen' Gegenstände und Vorgänge; oder anders ausgedrückt: Sprache ist immer schon Ausdruck der von bestehenden Macht- und Herrschaftsverhältnissen bestimmten gesellschaftlichen Realität." (M.Geyer, 1973, S.8o) Da sich aber die Redakteure dieser Sprache bedienen müssen, tragen sie zur Verfestigung der bestehenden Verhältnisse bei. So ist auch die Nachrichtensprache Komponente im Stabilisierungsvorgang, von dem oben schon ausführlich die Rede war. Ein ganz bestimmter Code, eine Fachsprache, trägt dazu bei, die Nachrichten für einen großen Teil der Zuschauer unverständlich zu lassen. [16]

Code

"Die Tagesschau muß sich deshalb darum bemühen, möglichst dieses (das von den Agenturen gelieferte Schriftdeutsch; MT) in eine ge-

---

[16] vgl. auch das Resümee einer Untersuchung des WDR über die Sprache der Hörfunknachrichten. (U.Magnus, 1975)

sprochene Fassung umzusetzen, kurze Sätze zu bilden, einfache Sätze zu bilden, Fremdworte so weit wie möglich vermeiden oder zu erläutern, und auch, im dramaturgischen Aufbau der Meldung ein bißchen darauf zu achten, daß der Zuschauer nicht sofort mit dem Kern der Nachricht überfallen wird, daß er sozusagen sie gar nicht mehr aufnehmen kann, weil inzwischen die Meldung weitergelaufen ist. Sondern daß er zunächst das Thema signalisiert bekommt." (WDR, 1976) Soweit Tagesschau-Redakteur R.Döcke, dort für Wortmeldungen zuständig. Und sein Kollege M.Abend fordert von der Nachrichten-Sprache, sie müsse auch "für jene verständlich sein, die vornehmlich in Hauptsätzen reden, kaum das Passiv verwenden und mit Begriffen wie 'Indikation' oder 'Integration' nichts anzufangen wissen". (M.Abend, 1974a, S.179) K.Nordenstreng u.a. schließlich sehen neben dem Interesse beim Zuschauer, der Konkretheit der Meldungen und der Möglichkeit der Identifikation die sprachlichen Faktoren einschließlich des Fernsehbildes als entscheidend für das Auffassen und Verstehen der Nachrichten an. (1975, S.112)

Es mag sein, daß die Nachrichtenredakteure der Tagesschau, ähnlich wie ihre Kollegen beim ZDF, sich um eine verständliche Sprache bemühen. Wobei sie davon ausgehen, daß man in einer Mittelschichtsprache die Nachrichten am besten, nuancenreicher und damit auch den Gegenständen angemessener wiedergeben kann als in einer Unterschichtsprache. Es mag auch zutreffen, daß der passive Wortschatz der Zuschauer größer ist als der aktive und so vieles, was isoliert als Begriff unverständlich bleiben würde, im Kontext dann verstanden wird. (s. M.Abend, 1974a, S.179f) [17] Es bleibt aber die Frage offen, ob nicht der Sprachcode der Nachrichten selber schon so verschlüsselt ist, daß er selbst für Mittelschichtangehörige nicht oder nur schwer verständlich ist.

L.Holzinger u.a. haben aus einer Analyse der österreichischen Fernsehnachrichten eine Liste solcher Floskeln zusammengestellt. Beim deutschen Fernsehen käme man zu ähnlichen Ergebnissen. "'Diese Ansicht äußerte', 'widmete breiten Raum', 'bezeichnete als', 'gab eine Erklärung ab', 'würdigte die Bedeutung' ..." (1973, S.53f) Es sind dies Synonyme für "sagte". "Der Aufwand an formalen Stereotypen, der an einem fragwürdigen Stilkriterium orientiert ist, das Wortwiederholungen verbietet, verschleiert eine inhaltliche Stereotypie. Der umständliche verbale Aufwand verdeckt, daß die meisten derartigen Nachrichten nur den Informationswert protokollarischer Meldungen haben." (L.Holzinger u.a., 1973, S.54f)

Deutlicher wird die auf das Klischee reduzierte Sprache, erinnert man sich an eine Reihe anderer und immer wiederkehrender Formeln:

---
17 Kritisch, aber zutreffend setzt sich U.Zimmermann (1974) mit dieser Auffassung M.Abends auseinander. Seine Hypothese lautet: "Die Sprache der Nachrichten ist eine Art Metasprache ..., die sich aus dem Interesse entwickelt hat, die gesellschaftliche Bedingtheit allen Geschehens auf das plan Faktische zu reduzieren." (S.373) Diese Sprache ist "von oben nach unten" bestimmt, Elemente dieser Sprache entsprechen demnach wesentlichen Charakteristika des elaborierten Codes. Allerdings führe diese Hypothese nur dann weiter, wenn sie "dialektisch, immer wieder auf eine Gesellschaftstheorie bezogen wird, in der die richtige Einrichtung der Gesellschaft mitgedacht ist". So komme D.Elschenbroich zu dem Ergebnis, daß "Angehörige der Unterschicht verbal zwar feld- und kontextgebunden kommunizieren, daß ihre Wahrnehmungsformen im Rahmen der jeweiligen Praxisfelder jedoch ebenso differenziert sein können wie die Mittelschichtler." (zit. bei U.Zimmermann, 1974, S.374; vgl. auch G.Rager, 1971, S.47o)

"'eine gemeinsame Verhandlungposition festlegen', 'im Zusammenhang mit diesen beiden Fragen', 'wurde Einigkeit erzielt', 'einer Untersuchung unterzogen' oder 'umfangreiche Kontrollen vorgenommen werden'". Hier versagt die Sprache bei der Wiedergabe konkreter Ergebnisse politischer Aktivitäten. "Es wird 'Einigkeit erzielt', doch es wird nicht gesagt, worüber - höchstens hinzugefügt: 'In allen wesentlichen Fragen'." (L.Holzinger u.a., 1973, S.54f) [18]

Diese in Formeln erstarrte Sprache hat zwar auf der einen Seite den - angeblichen - Vorteil, daß sie keine Fremdwörter enthält und kein Passiv verwendet, sie läßt zudem kurze Sätze zu, weil diese Floskeln weitere Erklärungen ersparen. Sie begünstigen aber auch gleichzeitig den "raschen Verbrauch der Ereignisse. Die Nachrichtenwaren werden nicht dadurch konsumiert, daß sie in irgendeine konkrete Beziehung zum Zuschauer treten, sondern dadurch, daß sie überhaupt 'da waren'." (O.Negt/A.Kluge, 1973.2, S.189f) Was hier für die Nachrichtensprache gesagt wird, gilt in noch stärkerem Maße für die Expertensprache der Kommentare. Denn diese "setzen gleichzeitig (neben der Benutzung der Expertensprache; MT) die Grenzen der Diskussion dieser Nachrichten, indem sie die Regeln vorgeben, nach denen solche Nachrichten interpretiert werden können. Es ist nicht zu verkennen, daß diese Kommentare gleichzeitig Strukturen setzen wollen, unter denen die Nachrichten-Anarchie sich für den Zuschauer ordnet." (O.Negt/ A.Kluge, 1973.2, S.19o)

Im übrigen sollte nicht übersehen werden, daß sich Nachrichten und

---

[18] vgl. auch R.Lettau, zit. bei G.Dahlmüller u.a., 1973, S.5o

Nachrichtensendungen im Fernsehen nicht nur aus sprachlichen Codes zusammensetzen, sondern daß es eine Vielzahl solcher Codes gibt. Sie können "z.B. textspezifischer, ästhetischer, historischer, individualpsychologischer, politischer, ökonomischer, sozialer Art sein. Dabei gilt es zu beachten, daß der wichtigste Code eines jeden Kontextes der soziale Code ist. Ihn gilt es immer vorrangig zu rekonstruieren, denn er beeinflußt wesentlich alle anderen Bestandteile des Kontextes." (G.Dahlmüller u.a., 1973, S.59)

Sprache ist ein wichtiger Bestandteil von Kommunikation. Sie ist neben dem Bild Element des Fernsehens. Ihre Bedeutung darüber hinaus deutlich zu machen, ist Aufgabe der sprachlichen Unterrichtsfächer. Fernsehkunde muß es darauf ankommen, Funktion und Bedeutung von Sprache im Fernsehen bewußt zu machen. Auch hier ist der Transfer in andere Bereiche sozialer Interaktion wichtig. So sind folgende Lernziele zu nennen:

Der Schüler kann die Bestandteile der audiovisuellen Umsetzung des dramaturgischen Aufbaus und der formalen Darbietung nennen.
Der Schüler kann Formeln und Floskeln des sprachlichen Codes der Nachrichten nennen. Er kann diese Formeln und Floskeln auflösen und damit eine größere Verständlichkeit erreichen.
Der Schüler kann andere Codes identifizieren. Er kann ihre Rolle beschreiben und die Voraussetzungen für ihr Verständnis nennen.
Der Schüler kann die Beziehungen zwischen sprachlichem Code und Bild beschreiben. Er vermag zu entscheiden, ob bestimmte Codes bestimmten Bildern vorbehalten sind und umgekehrt.
Der Schüler kann Codes benennen, die in Schule, Kirche oder Zeitung verwandt werden. Er kann ihre Berechtigung nachweisen. Er kann prüfen, ob sie auch als Stilmittel benutzt werden können.

Innovation und Redundanz

Damit Nachrichten so verständlich sind, daß sie beim Zuschauer "ankommen", das heißt aufgenommen und verstanden werden, bedarf es nicht nur eines oder mehrerer Codes. Hinzu kommt ein ausgewogenes Verhältnis von Innovation und Redundanz.

Unter Redundanz von Meldungen ist zu verstehen, daß solche Nachrichdann umfassend redundant sind, deren Inhalte die betreffenden Zuschauer sowieso schon wissen. Innovativ ist das, was er zusätzlich zu dem schon vorhandenen Wissen erfährt. "Der Informationsgehalt einer Nachricht ist für den Rezipienten dann am größten, wenn in ihr ein 'ausgewogenes' Verhältnis von Innovation und Redundanz vorherrscht." (G.Dahlmüller u.a., 1973, S.85) Nun kann man überspitzt sagen, "daß der subjektive Informationsbedarf der Zuschauer nur dann vom Fernsehen hundertprozentig befriedigt wird, wenn deren Erkenntnisvorrat zuvor ohnehin schon neunundneunzig Prozent spezifisches Wissen beinhaltet hat." (G.Dahlmüller u.a., 1973, S.79) Dieser Umstand tritt aber höchstens in Einzelfällen auf. Lediglich bei der Wetterkarte könnte dieser Idealfall verwirklicht werden, da hier der Anteil an Redundanz verhältnismäßig hoch, der der Innovation dementsprechend niedrig ist. Andererseits sind die Wettervorhersagen in dem Sinne keine Nachrichten, weil sie eben nicht über Geschehenes berichten, sondern eine Voraussage versuchen. Ähnliche Verhältnisse lassen sich auch noch bei Sportergebnissen und den Lottozahlen feststellen, wenn auch jeweils nur für einen kleinen, wenn auch überschaubaren Teil der Zuschauer.

Dieses Verhältnis von Redundanz und Innovation macht sich im übrigen vor allem die Unterhaltungsbranche zunutze. "Die Inhalte der einzelnen Schlager, die immer gleichen Glücksverheißungen, sind extrem redundant. ... In den Western-, Familien-, science-fiction- und Agentenfilmen ... liegt die Redundanz im jeweils standardisierten Personenkreis und Aktionsmuster." (G.Dahlmüller u.a., 1973, S.85f)

"Die Schlager werden ästhetisch innovativ inszeniert, um ihren Gebrauchswert beim Konsumenten ständig aufs Neue zu befestigen. ... Die innovativen Momente dieses Genres (der Serien; MT) liegen einzig in der f o r m a l e n Andersartigkeit des jeweiligen 'Falls' oder 'Problems'. Diese minimale Innovation ist jedoch aus mehreren Gründen hinreichend, den Gebrauchswert der Genres beim Zuschauer zu stabilisieren." (G.Dahlmüller u.a., 1973, S.86)

Lassen sich nun ähnliche Phänomene bei den Fernsehnachrichten feststellen? Was wir oben Ritualisierung der Sendungsform genannt haben, der stets gleiche Ablauf, die bekannten Sprecher, die Formalisierung der Aufbereitung der Meldungen, all dies ist als redundant zu begreifen. Der äußere Rahmen, eben standardisierter Personenkreis und Aktionsmuster genannt, läßt sich so mit dem der Unterhaltungsserien vergleichen. Hinzu kommt, daß immer wieder die gleichen Personen auftreten: Vertreter der Regierung und Opposition, der Interessenverbände. [19] Auch hier also wieder ein Schema, das die

---

[19] M.W.Thomas nennt es "Das Genscher-Syndrom oder der Figaro-Effekt". (1976) Er meint damit die immer wieder zu beobachtende Vorliebe der Redakteure - so zumindest der Anschein - für bestimmte Persönlichkeiten. Inhaltlich wird nichts gesagt, es geht um Formales.

Verwandtschaft der Nachrichtensendungen zu den Unterhaltungsproduktionen nahelegt. Aber auch inhaltlich läßt sich eine ähnliche Vorgehensweise feststellen. Es wird zuweilen versucht, Nachrichten so zu präsentieren, daß den Zuschauern der Gedanke nahegelegt wird: "Alles schon mal dagewesen!" (s. G.Dahlmüller u.a., 1973, S.93f; bes. S.99f) In jedem Fall steht aber das Sensationelle eines Ereignisses im Mittelpunkt der Meldung. Nach den Gesetzen des ausgewogenen Verhältnisses von Innovation und Redundanz einer Information einerseits zur Verständlichkeit andererseits bietet also der äußere, formale Rahmen der Nachrichtensendungen einen hohen Prozentsatz an Redundanz; wo möglich, wird dieser auf einen Teil der Meldung übertragen: Es sei erinnert an die Äußerung von R.Döcke, die Zuschauer nicht gleich mit dem Kern der Meldung zu überfallen. Auch im dramaturgischen Aufbau einer Meldung wird demnach darauf geachtet, daß der redundante Anteil vor dem innovativen erscheint.

Da Untersuchungen ergeben haben, daß Massenkommunikationsmittel "einen um so größeren Einfluß auf das Denken und das Verhalten der Menschen haben, je mehr der gebotene Stoff, der Inhalt der Kommunikation auf die Praxis des Alltagslebens bezogen ist, oder eine je größere soziale oder psychologische Bedeutung eine Mitteilung hat" (E.Noelle, 1960, S.528), so bedeutet dies zunächst eine Bestätigung der Grundannahme, daß eine Meldung Betroffenheit beim Zuschauer auslösen muß. Denn erst als Betroffenen erreicht ihn eine Nachricht. Wobei zu klären bleibt, auf welche Weise und mit welchen Mitteln Betroffenheit erreicht werden kann. Es muß aber auch

Redundanz gewährleistet sein, um so Neues in den sozio-kulturell bedingten Lebensrahmen einordnen zu können.

So hat es den Anschein, als könnte die rechte "Mischung" aus Innovation und Redundanz schließlich beim Zuschauer jene Rezeption der Nachrichten auslösen, die Betroffenheit bewirkt. Zumindest aber muß den Zuschauern klargemacht werden, in welcher Weise sie durch ein Ereignis, eine eingetretene Entwicklung oder den Abschluß von Verhandlungen betroffen sind. Auf diese Weise könnte Redundanz so verbreitet werden, daß Innovatives gesagt werden kann, so daß die Zuschauer es auf sich und ihr Leben beziehen und verstehen können.

Innovation und Redundanz sind nicht nur in sprachlicher Hinsicht meist unbewußte Kriterien für Programmgestaltung. Dies wird bei den Beispielen aus den Serien des Werberahmens noch besonders deutlich. Am Beispiel der Fernsehnachrichten aber lassen sie sich besonders anschaulich herausarbeiten. So sind folgende Lernziele zu nennen:

Der Schüler kann die Bedeutung von Innovation und Redundanz für Abfassung und Verständnis einer Meldung nennen.
Der Schüler kann dieses Verhältnis bewerten. Er kann ähnliche Verhältnisse in anderen Bereichen feststellen.
Der Schüler kann Redundanz und Innovation künstlich konstruieren und ihre Wirkung testen.
Der Schüler kann das Verhältnis von Redundanz im Bild und Innovation im Text untersuchen und bewerten. Ebenso die Umkehrung.
Der Schüler kann beschreiben, welche Wirkungen so erzielt werden können, welche Assoziationen erleichtert, welche Gefahren möglich werden. [20]

---

20 Es bietet sich an, redundante Formulierungen und innovative In-

- Bild

Das über Sprachcode, Redundanz und Innovation Gesagte gilt ebenso für den Hörfunk wie für das Fernsehen. Bei Letzterem kommt nun als zweite und oft als entscheidend angesehene Komponente das Bild hinzu. Das Bild - Film, Standfoto und Grafik - soll die vorgelesene Nachricht optisch stützen, wenn möglich ergänzen. Selten haben diese Bilder einen eigenen Aussagegehalt. Im folgenden sollen die drei Möglichkeiten, den Text durch das Bild zu ergänzen, vorgestellt und auf ihre Möglichkeiten für die Information der Zuschauer geprüft werden.

Film

Grundsätzlich haftet dem Film [21] eine dokumentarische Wirkung an. Er belegt den Inhalt der verbalen Information. Zudem könnte er durch seine erklärende Funktion Zusammenhänge anschaulich und deutlich machen, die durch einen Text kommentiert werden. Diese idealtypische Beschreibung einer Möglichkeit des Films in Nachrichtensendungen ist aber der Gefahr ausgesetzt, keine zusätzliche Information zu liefern, sondern stattdessen den Meldungstext mit visuellen Reizen zu garnieren. (s. L.Holzinger u.a., 1973, S.1of)

---

halte gegenseitig abzugrenzen. Dies muß nicht unbedingt anhand von Fernsehnachrichten geschehen. Pressemeldungen arbeiten nach dem gleichen Prinzip. Im übrigen bleibt zu erörtern, welche Funktion Innovation und Redundanz für Kommunikation überhaupt besitzen.

21 Es wird im folgenden nicht unterschieden zwischen Film und Magnetaufzeichnung (MAZ).
Im übrigen ist für diesen Abschnitt zu verweisen auf die Untersuchung von B.Wember (1976), in der er den Nachweis zu führen sucht, den Nachrichtenredaktionen (hier beim ZDF) komme es vornehmlich darauf an, b e w e g t e Bilder zu zeigen, auch wenn diese Bewegung mittels technischer Mittel künstlich erzeugt ist.

Hinzu kommt, daß bestimmte Tatbestände eher filmisch darstellbar sind als mehr abstrakte Zusammenhänge: so etwa der Brand eines Tankers vor der amerikanischen Küste eher als die Problematik um die Einstellung bestimmter Personen in den öffentlichen Dienst. Das aber verführt leicht dazu, vornehmlich gefilmte Meldungen in die Fernsehnachrichten aufzunehmen und so eigentlichen Randereignissen eine unangemessene Bedeutung zuzumessen. (s. P.Faecke, 1974, S.42f)

Einen Beleg für diese Tatsache, daß es mehr um die mediengerechte Präsentation als um das gefilmte Geschehen geht, zeigt die Häufigkeit, mit der politische Akteure in Filmnachrichten auftreten, ohne daß der Originalton gesendet wird. (s. H.Schatz, 1972, S.112) Der Text wird aus dem "Off" gesprochen.

Vergleicht man zudem Meldungen der Fernsehnachrichtensendungen mit den Zeitungen des folgenden Tages, so läßt sich leicht eine Diskrepanz insofern feststellen, als in der Tagesschau über Ereignisse berichtet wurde, die die Presse an weniger wichtiger Stelle meldet. Das legt den Verdacht nahe, daß die Nachrichtenredaktionen der Fernsehanstalten eher nach dem Kriterium der möglichen Visualisierung hin das Angebot auswählen als nach dem Kriterium der Wichtigkeit oder, um diesen Begriff wieder aufzugreifen, mach der möglichen Betroffenheit der Zuschauer. Dafür spricht auch, daß Text- und Bildredaktion jeweils getrennt die abendlichen Nachrichtensendungen vorbereiten. (s. M.Brocker, 1971, S.7) Das könnte dann dazu führen, daß ein Tankerbrand vor der amerikanischen Küste als Film gezeigt wird, während die Diskussion um die Berufsbildungsreform in der Bundesrepublik erst in der Spätausgabe auftaucht. Dies konstruierte Beispiel, das um andere ergänzt werden könnte, soll zweierlei zeigen: die Redakteure geben einem Filmbericht den Vorzug vor einer Wortmeldung - vermeintlich aus Erfordernissen des Mediums, jedenfalls nicht aus Zuschauerbezogenheit. Zum zweiten wird der Eindruck erweckt beim Zuschauer: was gefilmt wird, ist wichtig. Mit dem Umkehrschluß: was nicht gefilmt ist, ist auch nicht so wichtig.

Besonders das bewegte Bild, der Film, ist neben dem Wort konstituierendes Merkmal des Fernsehens. Auch seine Funktion und Bedeutung für Herstellung und Verständnis der Fernsehnachrichten sind herauszuarbeiten. Richtung geben folgende Lernziele:

Der Schüler kann die Aufgabe der Filmbeiträge in den Nachrichten beschreiben. Er kann ihr Verhältnis zum vorgelesenen Meldungstext untersuchen.
Der Schüler kann Filme mit "On-Ton" und "Off-Ton" unterscheiden. Er kann unterschiedliche filmische Formen nennen (Interview, Bericht, Feature, gebauter Bericht).
Der Schüler kann beurteilen, ob Filmberichte die Bedeutung eines Ereignisses vermitteln oder positiv/negativ beeinflussen. Er kann sein Urteil begründen.
Der Schüler kann Beispiele nennen, wo Filmbeiträge unangemessen sind.

Standfoto

In der Tagesschau vor allem werden Standfotos zur Hintergrundillustration verwendet, um dem Zuschauer "sofort das jeweilige Thema zu signalisieren, damit er es assoziativ erfaßt und seine ganze Aufmerksamkeit dem Inhalt zuwenden kann. Wenn dieses Ziel erreicht werden soll, muß die Hintergrund-Illustration so einfach wie möglich sein und darf dem Zuschauer keine Rätsel aufgeben. Die Tagesschau verwendet dafür Fotos mit Symbolcharakter, allgemeingültige Symbole, selbstentwickelte Symbole und Karten. Wenn nötig, werden sie durch ein Stichwort ergänzt." (M.Abend, 1974a, S.178) Dieses "System der optischen Stützen" (M.Abend, 1974c) ist inzwischen zum festen Bestandteil der Tagesschau geworden. Keine Meldung ohne entsprechende Illustration! Es wurde schon früher auf diese Manie hingewiesen. Es müßte untersucht werden, ob die so gearteten Illustrationen tatsächlich ein Verstehen der einzelnen Meldungen erleichtern: wenn jede Meldung zu Mitbestimmungsfragen mit dem Foto eines Konferenztisches begleitet wird, auf dem verschiedene Kopfbedeckungen liegen; wenn ein Verkehrszeichen "Parkplatz" zu einer Meldung über den Verkehrsgerichtstag in Goslar erscheint; wenn bei jeder Meldung über Arbeitslose, Wartende auf einem Behördenflur gezeigt werden, dann erleichtert dies sicher nicht das Verständnis, selbst wenn teilweise zusätzlich ein Stichwort eingeblendet wird. Ehe der Zuschauer die Aussage des Fotos identifiziert hat, ist der Sprecher mit dem Text der Meldung schon so weit, daß die Meldung als ganze unverständlich bleibt.

Hinzu kommt die Gefahr, bestimmte Sachzusammenhänge auf Klischeebilder einzuengen und so eine politische Bewußtseinsbildung beim Zuschauer zu verhindern: Denn Arbeitslosigkeit läßt sich zwar mit einem solchen Bild illustrieren, dem komplexen Problem wird man damit aber nicht gerecht. In diesem Fall wäre ein Stichwort allein oder der Verzicht auf eine Bebilderung richtiger.

Fehlen Filmbeiträge, übernehmen Stand- oder Porträtfotos die Illustration der vorgelesenen Meldung. Es bleibt neben anderem zu prüfen, wie weit solche "Bebilderung" zu einem besseren Verständnis der Nachrichten beitragen kann. Folgende Lernziele sind zu nennen:

Der Schüler kann die Funktion von Standfotos während der Verlesung einer Meldung beschreiben. Er kann wechselseitige Verhältnisse beschreiben.
Der Schüler kann den Wert der verschiedenen Fotos unterscheiden (Porträt, Ereignis, Symbol u.ä.).
Der Schüler kann Beispiele nennen, wo Standfotos unangemessen sind.

Grafik

Unter Grafik werden hier all jene grafischen Mittel verstanden, die in den Fernsehnachrichtensendungen zur Anwendung kommen: Karten, Tabellen, elektronischer Griffel. Sie sollen ebenso wie die Standfotos Assoziationen erleichtern. Dies wird ihnen um so eher möglich sein, als sie sich auf das wesentliche beschränken und Einzelheiten weglassen können.

Während Tabellen und der elektronische Griffel - mit dessen Hilfe Tabellen oder ähnliches synchron zum vom Sprecher verlesenen Text aufgebaut werden können - der Verdeutlichung von Nachrichten und einer einprägsameren Rezipierung dienen, ist dies bei der Einblendung von Karten zu bezweifeln. Es hat vielmehr den Anschein, als würden die Redakteure, wenn ihnen keine anderen Illustrationsmittel zur Verfügung stehen, auf dieses Mittel zurückgreifen. Mit dem Ergebnis, daß der Zuschauer mitgeteilt bekommt - durch die stärker wirkende visuelle Information - w o ein Ereignis stattgefunden hat, und nicht w e l c h e n Umfang und vor allem w a s für Folgen das einzelne Ereignis hatte. (s. B.Wittek, 1974)

B.Wittek bringt dazu ein anschauliches Beispiel: "Zu der Nachricht, ein Hamburger Gericht habe wegen Mittäterschaft bei der Ermordung eines kirchlichen Gemeindehelfers sechs Mitglieder der Rockergruppe 'Hell's Angels' zu drei- bis viereinhalbjährigen Haftstrafen verurteilt, erschien in der Spätausgabe der Tagesschau vom 13. Februar (1974; MT) eine Umrißkarte der Bundesrepublik auf dem Bildschirm, in der Hamburg als einziger Fixpunkt vermerkt war. Sollte die eingeblendete Karte nicht als das durchschaut worden sein, was sie wohl tatsächlich war, nämlich Ausdruck entweder der Verlegenheit oder purer Gedankenlosigkeit , so hat sie beim Zuschauer womöglich eine schiefe, wenn nicht gefährliche Assoziation hervorgerufen: Hamburg als Zentrum des Rockerunwesens." (1974) Hier hätte kein lokaler Bezug hergestellt werden dürfen, vielmehr wäre eine soziale Einordnung allein sinnvoll gewesen.

Grafiken dienen zur Veranschaulichung, wenn Filme oder Fotos nicht vorliegen, oder um komplexe Zusammenhänge zu verdeutlichen und zu veranschaulichen. So sind sie nicht nur Lückenbüßer, sondern können auch eine eigene Relevanz besitzen. Folgende Lernziele sind zu nennen:

Der Schüler kann die Aufgaben der Grafiken im Kontext zu den Wortmeldungen, Filmbeiträgen und Standfotos nennen.
Der Schüler kann die verschiedenen Formen von Grafiken unterscheiden und ihre unterschiedliche Wirkungsweise nennen.
Der Schüler kann Beispiele nennen, wo grafische Darstellungen unangemessen sind.

3.14 Zusammenfassende Überlegungen

Der Versuch, die Fernsehnachrichtensendungen vornehmlich ideologiekritisch zu analysieren und Hintergrundmaterial für eine Unterrichtsreihe zu liefern, soll hier noch einmal zusammengefaßt werden.

In dreifacher Hinsicht sind Nachrichten im Fernsehen zu untersuchen: in ihrem dramaturgischen Aufbau, der formalen Darbietung und der audiovisuellen Umsetzung dieser beiden Elemente. Es kommt dabei darauf an, stets wiederkehrende Elemente zu isolieren und möglichst zu verallgemeinern, um so Aufbau und Darbietung hinreichend darlegen und vermitteln zu können. Dies scheint gelungen durch die Herausarbeitung der Vereinfachungen von Sachverhalten in Form von Personalisierung, Isolierung, Stabilisierung und Ritualisierung auf der inhaltlichen Ebene, auf der formalen Ebene durch die Faktoren Sprecher, Initiation, Finale und Text-Bild-Kombination. Diese alle wirken zusammen bei der Verwirklichung oder Umsetzung dieser Intentionen in der Sendung.

Diese gegenseitige Bedingung und Abhängigkeit soll auch das Schema auf der gegenüberliegenden Seite verdeutlichen:

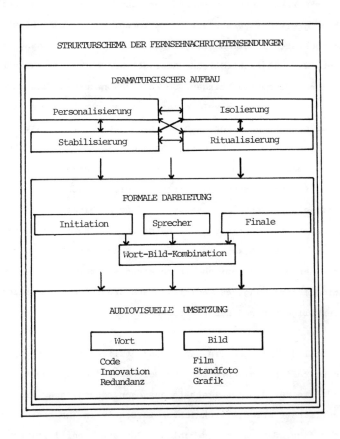

Dieses Strukturschema verdeutlicht noch einmal die gegenseitige Abhängigkeit der verschiedenen Faktoren. Zudem abstrahiert es von den konkreten Inhalten der jeweiligen Nachrichtensendung und versucht, die unterschiedlichen Aussagen und ihre Form auf den größten möglichen Nenner zu bringen. So kann davon ausgegangen werden, daß sich jede Meldung auf wenigstens zwei der beim dramaturgischen Aufbau genannten Komponenten zurückführen läßt. Ist dies aber der Fall, dann lassen sich weitere Aussagen machen über die Qualität dieser Meldung. Da nämlich das Grundprinzip dieser Komponenten mit "Vereinfachung von Sachverhalten" bezeichnet werden kann, ist gleichzeitig ein Interpretationsmuster gefunden. Dieses Muster gestattet nun durch eine didaktische Aufbereitung und kommunikatives Hinterfragen, die Bewußtseinsprozesse beim Schüler in Gang zu setzen, die mit einer emanzipatorischen Fernsehkunde erreicht werden sollen: Entideologisierung des Mediums, Transparenz von Informationsstrukturen allgemein und des Fernsehens im besonderen.

Zum Schluß sind noch ein paar grundsätzliche Anmerkungen nötig. Sie betreffen Möglichkeiten und Gefahren, die von den Nachrichtensendungen für die Gesellschaft ausgehen können, aber auch von der Gesellschaft auf die Nachrichten zurückwirken. Da besteht zunächst die Gefahr, daß durch die Wahl der Sprache einer Institution ein "ontologischer Status" verliehen wird. (s. P.Berger/Th.Luckmann, 1966, S.97) Durch die "Verdinglichung", das heißt dadurch, daß menschliche Phänomene als Dinge aufgefaßt werden und so außer- oder übermenschlich erscheinen (s.P.Berger/Th.Luckmann, 1966, S.95), wird dem Zuschauer der Eindruck vermittelt, Ergebnisse menschlichen Handelns w ä r e n Naturgegebenheiten. Sprachlich gekennzeichnet durch Ausdrücke wie Dollar f l u t, Butter b e r g, Rinder s c h w e m m e und ähnliche mehr. Obwohl hervorgegangen aus menschlichem Wirken, erlebt der Zuschauer solche Ereignisse als "fremde Faktizität ..., über das er keine Kontrolle hat", anstatt sie als Ausfluß eigener Leistung zu betrachten. (P.Berger/Th.Luckmann, 1966, S.95) Auf diese Weise wird zudem eine mögliche Betroffenheit beim Zuschauer wegformuliert, die in anderem Fall einen Bewußtseinsprozeß in Gang hätte setzen können.

Insofern ist auch H.Holzer zuzustimmen, wenn er aus seinen Beobachtungen schlußfolgert, daß "das demokratisch orientierte Anspruchsniveau der Massenmedien hart mit dem Zwang kollidiert, eine Ware produzieren zu müssen, deren Qualität nicht die Gesetze einer kritischen Reflexion, sondern jene des Marktes prägen". (1972.2, S.156) Nun gilt dies für die Massenpresse in anderer Weise und größerem Umfang als für die öffentlich-rechtlichen Anstalten. Dennoch ist bisher wohl deutlich geworden, wie sehr auch diese Institution Gesetzmäßigkeiten unterworfen ist, die von Marktmechanismen eher geprägt sind als von demokratischen oder emanzipatorischen Ansprüchen. Das soll aber wiederum nicht heißen, daß sich nicht Sendungen finden ließen, "die mit sachlich aufbereiteten und präzis kommentierten Daten eine gesellschaftsadäquate Orientierung leisten und so Voraussetzung für eine kritisch reflektierende Diskussion der gesellschaftlichen Realität schaffen". (H.Holzer, 1972.2, S.156) Allerdings haben solche Sendungsformen und -inhalte eher eine Alibifunktion.

Hinzu kommt, daß es den Anschein haben könnte, "daß die meisten Menschen in unserer Gesellschaft mit dieser Situation, in der ihre persönliche Beteiligung an der Öffentlichkeit geringe Bedeutung hat, die Arbeit eine nicht allzu unangenehme Notwendigkeit und die Politik im besten Fall ein Zuschauersport ist, durchaus zufrieden sind". (P.Berger/Th.Luckmann, 1966, S.224) Es bleibt aber die Frage, ob nicht durch Gestaltung von Öffentlichkeit, Arbeitswelt und politischem Geschehen im Fernsehen und anderen Massenmedien nicht gerade der beschriebene Effekt beim Zuschauer entsteht. So daß die festzustellende Resignation auf Seiten der Zuschauer nicht zuletzt auf eine inadäquate Berichterstattung über gesellschaftliche Zusammenhänge in den Massenmedien zurückzuführen ist.

3.2 Serien des Werberahmenprogramms

Eine ganz andere Aufgabe als die Fernsehnachrichtensendungen erfüllen die Serienprogramme des Werberahmens in der Zeit zwischen 18 und 20 Uhr bei der ARD, beim ZDF zwischen 17 und 19.30 Uhr. Ihre Aufgabe ist, ein möglichst wenig wechselndes und großes Stammpublikum am Bildschirm zu halten. Denn die tägliche Werbezeit ist auf insgesamt 20 Minuten begrenzt. Die Preise für die jeweilige Werbezeit ergeben sich aus der Zahl der eingeschalteten Geräte. Die Anstalten sind aber mittelbar - bei der ARD durch die sogenannten Werbetöchter - oder unmittelbar - beim ZDF aufgrund des Staatsvertrages - von den so geschaffenen Einnahmen abhängig. [22]

---

[22] vgl. dazu die ausführlichen Darstellungen bei Ev.Konf.f.Kommunikation (HG), 1972, S.94-116

Es ergibt sich demnach der Zwang, das Niveau dieser Programme so
zu gestalten, daß eine möglichst große Zahl von Zuschauern angesprochen werden kann; zumindest aber erreicht wird, daß sie ihr
Gerät nicht abschalten. Die Einschaltquoten bilden mehr noch als
bei anderen Sparten des Programms den bewußten oder unbewußten
Hintergrund für Planung und Gestaltung. [23]

Nun gibt es in den Fernsehprogrammen die unterschiedlichsten Serien. Es ist sogar eine Tendenz zu einer "Serialisierung" zu beob-
chten, das heißt der Versuch, das Programm mit möglichst vielen
Reihen und Serien zu füllen. [24] Versteht man unter Serien jene
Programmform, die an einem stets gleichen Programmplatz mit bestimmten, immer gleichen Versatzstücken angeboten wird, so lassen
sich in der Tat sehr viele Sendungsarten als Serie oder Reihe
charakterisieren. Das reicht dann von den Nachrichten und den politischen Magazinen, über Zielgruppensendungen wie "Mosaik" oder
"direkt" über eine Vielzahl von Unterhaltungssendungen bis hin
zum "Wort zum Sonntag" oder den Serien des Werberahmens. Diese
Art der Programmstrukturierung hat den Vorteil, daß sie dem Zuschauer die Orientierung erleichtert. Sie kann aber auch dazu führen, nach Möglichkeit nur noch solche Sendungen zu produzieren, die
ein möglichst großes Publikum erreichen. Darunter leidet die Qualität auf Dauer.

---

23 vgl. dazu die medium-Dokumentation, Bd.2, herausgegeben von der
   Ev.Konf.f.Kommunikation, 1972, die sich mit der Problematik um
   Fernsehen und Werbung ausführlich beschäftigt. Dort auch die
   Stellungnahme von ZDF-Redakteuren zu diesen Fragestellungen, bes.
   S.32-35 und S.63f
24 vgl. dazu die Glosse von C.Bolesch, 1976

Bei dieser weiten Fassung der Serie ist dann auch der Meinung von
J.Rölz zu widersprechen, der in der Serie die Programmform sieht,
"die sich ausschließlich an die breite Masse der Fernsehkonsumenten zu wenden hat" und so keinesfalls an Zielgruppen gerichtet
sein kann. (1972, S.111) Denn die Zielgruppe beispielsweise von
"Mosaik" sind die älteren Zuschauer, die von "direkt" die jüngeren im Ausbildungsalter - wobei unberücksichtigt bleibt, ob diese
Zuschauergruppen auch tatsächlich zur Sendezeit vor dem Bildschirm
sitzen und inhaltlich angesprochen werden können. J.Rölz ist allerdings zuzustimmen, was die Serien des Werberahmens betrifft. Hier
kommt es darauf an, möglichst viele Zuschauer anzusprechen. Mit
welchen inhaltlichen und formalen Mitteln dies geschieht, wird im
weiteren Zusammenhang gezeigt werden.

Zunächst aber sollen noch die äußeren Voraussetzungen dieser Programmform bei den Anstalten und beim Zuschauer näher erörtert werden sowie die idealtypischen Ziele, wie sie von Programmachern und
Kritikern beschrieben oder gefordert werden.

Als Beispiel wurde dieser Bereich des Programms gewählt, weil an ihm
die verschiedenen Verflechtungen der Fernsehanstalten mit anderen
Bereichen gezeigt werden können, weil diese Sendungen selten länger
als 25 Minuten dauern und ihre Inhalte von den Schülern auf unterschiedliche Art und Weise überprüft werden können.

Durch Verträge und Gesetze ist die Werbezeit im deutschen Fernsehen
beschränkt auf werktäglich 2o Minuten in der Zeit vor 2o Uhr. [25]

---

[25] vgl.etwa ZDF-Staatsvertrag, § 22; Richtlinien für das Westdeutsche Werbefernsehen, § 3.

Da aber die meisten Zuschauer erst gegen 18 Uhr bereit und in der
Lage sind, sich das Programm anzuschauen, konzentriert sich die
"harte Werbung" auf den Zeitraum zwischen 18 und 2o Uhr. Bei den
Anstalten der ARD übernehmen diese Zeit die Regionalprogramme -
dort sind es vorwiegend die Mitarbeiter der Werbetöchter, die die
Sendezeit außerhalb der Regionalmagazine gestalten. Beim ZDF ist
die Gestaltung dieses Programmraumes hauseigenen Redakteuren über-
lassen. In den Programmzeitschriften wird die Sendezeit der Werbespots nicht eigens ausgedruckt. Sie werden in ein Umfeld plaziert,
das vornehmlich die Serien des Werberahmens durch die Darstellung
"konfektionierter Wirklichkeit" (B.Weidinger, 1976) schaffen, das
zudem noch geprägt wird durch die Mainzelmännchen zwischen den
einzelnen Spots.[26]

Um aber die Werbeblöcke in möglichst kleinen Einheiten anzubieten,
muß das Programm um diese Zeit zerstückelt werden. Das hat zur
Folge, daß die Serienprogramme nicht länger als 25 Minuten dauern
dürfen. Diese Programme sollen zudem die Zuschauer einstimmen "in
die Konsumappelle der Werbung". (G.Dahlmüller u.a., 1973, S.271)
Durch diese Rücksichtnahmen und Abhängigkeiten ergibt sich ein Ge-
flecht von "geheimnisvollen 'Zwängen', ein sehr kompliziertes System
der Abkapselungen, indirekten Einflüsse, der Tabus und inneren
Zensur, der Abhängigkeit von Einschaltziffern, der finanziellen Eng-
pässe, angreifbaren Rollenauffassungen, hierarchischen Abhängig-

---

[26] vgl. zur Funktion der Mainzelmännchen die Analyse von M.Schmid-
Ospach, 1973, S.2ff; die Mainzelmännchen schaffen zusätzlich
ein Stammpublikum, besonders Kinder, auf die dann wiederum die
Werbung besonders und gezielt eingeht. Zudem unterbrechen die
kleinen Trickfilme die Werbespots, lassen so die Information
nicht bewußt werden und werden so eher unbewußt aufgenommen.

keiten und Abhängigkeitsgefühlen etc.". (E.Netenjakob, 1976, S.1o)[27]
So ergeben sich gleichsam zwangläufig Parallelen zwischen den Serien und der Werbung: "die Korrespondenz der programmlichen Kurzbeiträge mit den Kürzeln der Werbespots; die Montage-Entsprechungen im Aufbau von Werbespots und Serienfolgen; das Komplement handwerklich oft miserabler Vorprogramme durch handwerklich meist brillante Werbespots; die Koinzidenz des Wiederholungscharakters der fast ausschließlich seriellen Programmteile (...) zwischen 18 und 2o Uhr." (J.Rölz, 1972, S.86) Diese Reihe der Parallelen wird im folgenden noch weiter fortgesetzt werden können.

Zunächst aber sollen die Voraussetzungen beim Zuschauer geprüft werden. Ihm verhelfen die Serien des Werberahmens einerseits zu Entspannung und Ablenkung. (O.Negt/A.Kluge, 1973.2, S.173; S.186) Diese Ablenkungsfunktion besitzen sie zumindest dann, wenn sie den Arbeits- und Produktionsprozeß nicht widerspiegeln, obwohl sie so zu seiner Bewältigung beitragen könnten, sondern wenn sie darauf angelegt sind, möglichst nicht Reflektionsprozesse in Gang zu setzen. O.Negt/ A.Kluge sprechen unter diesem Gesichtspunkt den science-fiction-Filmen eher eine Berechtigung zu, weil sie, wenn auch vordergründig realitätsfern, doch die Phantasie anregen und so zu einer aktiven Regeneration beitragen können. (S.186, Anm.11)

Insofern scheint es auch nicht ohne weiteres einsichtig, daß solche Serienprogramme eine Kompensationsfunktion ausüben können. Ist nicht

---
[27] E.Netenjakobs Bericht (1976) über ein Intensivseminar über die Fernsehserie vermittelt einen anschaulichen Überblick über die oben angedeuteten äußeren Umstände der Macher.

vielmehr zu fragen, ob nicht durch das Abbilden einer heilen Welt, in der alle Konflikte gelöst werden, Frustrationen hervorgerufen werden, weil der eigene Lebensraum unvergleichbar anders ist? Das hat zur Folge, "daß die ganze Welt des Scheins, des Lebensersatzes, der vermeintlichen Lebenshilfe durch Identifikation mit oder Nachahmung von Leitbildern, sich ohne nennenswerte Auswirkungen auf die reale Lösung der realen Probleme des Zuschauers lediglich im Medium unentwegt reproduziert und von Folge zu Folge der Serien weiterschleppt". (s. G.Dahlmüller u.a., 1973, S.223) Dies bewirkt beim Zuschauer, daß er ständig aufs Medium verwiesen wird. Daß dies weiter verstärkt wird, dadurch, daß in den Primärgruppen über das Gesehene kaum gesprochen wird, versteht sich aus dem schon früher Dargelegten. Th.Koebner geht sogar weiter, indem er behauptet, "die Vorprogramm-Serie setzt den Arbeitsalltag fort". (bei E.Netenjakob, 1976, S.55) Er belegt dies mit Untersuchungen, die ergeben haben, daß die Strukturiertheit des Arbeitstages sich fortsetzt in der extremen Strukturiertheit des Vorabendprogramms.

Hält man diesen äußeren Zwängen und Gegebenheiten die Zielvorstellungen der Macher und Kritiker dieses Programmbereichs entgegen, zeigt sich erst die ganze Größe der Diskrepanz zwischen Anspruch und Wirklichkeit: Da wird davon gesprochen, in den Serien die Möglichkeit zu besitzen, "Figuren bis ins psychologische Detail zu entwickeln und sie mit ihren Themen dem Zuschauer vertraut zu machen". (J.Staab, 1974, S.1o) G.Prager erwartet Themen "mit Widerhaken, Realitätsnähe und einer eingängigen Sprache in Wort und Bild ... Konzepte, die hinter dem menschlichen Einzelschicksal die bestimmenden Kräfte einer Gesellschaft und einer Epoche erkennbar werden lassen". (1974, S.2) Ihre gesellschaftliche Relevanz, ja ihr politisches Gewicht wird beschrieben und soll berücksichtigt werden. [28] Sie sollen die Reduktion und Kompensation von Dissonanzen garantieren. (s. J.Fischer/W.Schill, 1974, S.126)

In ihnen könnten wirkliche Probleme wirklicher sozialer Gruppen so dargestellt werden, daß ihre Lösungen von Betroffenen als wirkliche Lebenshilfe nachvollzogen werden können. Das verlange nach der Darstellung von Lernprozessen und kann auch politische Konflikte im weitesten Sinne nicht aussparen. (Gruppe III bei E.Netenjakob, 1976, S.339f) T.Ernst sieht in der Serie die Möglichkeit, "Entwicklungsprozesse und komplexe Sachverhalte darzustellen". Dabei spiele die Figur des Lernenden innerhalb der Serie eine besondere Rolle. (bei E.Netenjakob, 1976, S.361)

In den drei Forderungen von D.Stolte an die Programmacher sind alle diese kaleidoskopartig und modifiziert zusammengestellten Ansprüche nocheinmal zusammengefaßt: "a) Eine Welt zu repräsentieren, die ihre Welt (die der Zuschauer; MT) ist; also Abkehr von Stoffen, die keinen Identitätswert besitzen. Res agitur - es sind d e i n e Angelegenheiten, die hier verhandelt werden, das muß der durchgängige Approach der Sendungen sein. b) Eine Sprache zu sprechen, die ihre Sprache ist; also Hinwendung zu Ausdrucks- und Gestaltungsformen, die verständlich sind, ohne Schnörkel, aber auch ohne Anbiederung, wie

---

28 vgl. K.v.Bismarck, 1964, S.75o; R.Merkert, 197o, S.3; E.Netenjakob, 1976, S.252f

sie Volksstücken gelegentlich anhaften. c) Eine Hoffnung zu artikulieren, die ihre Hoffnung ist; also auch Mut zu Illusion, zur Utopie. Denn wo wäre die Menschheit heute, wenn den Revolutionären und Reformern nicht Utopisten vorausgegangen wären?!" (D.Stolte bei E.Netenjakob, 1976, S.365)

Große Worte, hohe Ansprüche, gewiß. Dennoch wird sich auch hier zeigen, wie sehr Wirklichkeit und Anspruch auseinanderliegen. Denn es gilt, das bestehende Angebot zu prüfen, zu analysieren und so aufzubereiten, daß es im Unterricht verwandt werden kann. Hilfestellung soll hier das erprobte Gerüst bieten: dramaturgischer Aufbau, formale Darbietung und audiovisuelle Umsetzung. Ebenso wie bereits bei den Untersuchungen vorhin zu den Fernsehnachrichten sollen auch hier im

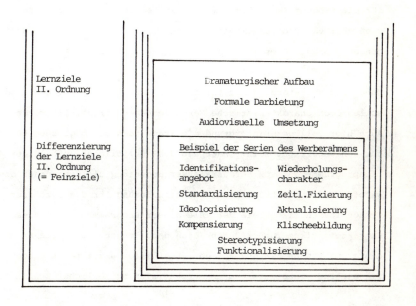

Anschluß an die einzelnen Abschnitte kognitive Lernziele formuliert werden, die als Differenzierung der Lernziele II. Ordnung aufgefaßt werden und Anhaltspunkte für einen Unterricht geben können. Um im Vorhinein schon einen Überblick zu bieten über die folgenden Überlegungen, ist auf Seite 111 die schematische Darstellung gedacht. Sie beschränkt sich auf die beiden letzten Gruppen, die ersten sind mit dem früheren Schema identisch.

3.21 Dramaturgischer Aufbau

Anders als bei den Nachrichten werden die dramaturgischen Elemente der Serien des Werberahmenprogramms bewußter eingesetzt. Sind die Inhalte der Nachrichten vorgegeben und werden von den Redakteuren für die Sendung lediglich aufbereitet, so sind die Inhalte der Serien eher vom Programmumfeld und den daraus sich ergebenden Bedingungen geprägt. Dies wird im einzelnen belegt werden.

Ohne eine vollständige Analyse der Serienprogramme leisten zu können, sollen doch charakteristische Merkmale näher vorgestellt werden. Auch hier soll der Hintergrund die Frage nach der möglichen Bedeutung für den Unterricht sein. Innerhalb des inhaltlichen Aufbaus der Serienprogramme ist von herausragender Bedeutung die Frage nach den Angeboten und Möglichkeiten zur Identifizierung für die Zuschauer. Im Grunde lassen sich viele Merkmale dieser Programmform auf dieses Charakteristikum zurückführen. Denn dazu tragen sowohl die Standardisierung von Handlungsvorgängen, Konflikten und ihren Lösungen bei wie die Individualisierung und Privatisierung möglicher Konfliktursachen. Diese Personalisierung war ja auch schon Merkmal der Nachrichtensendungen. Hinzu kommt eine Ideologisierung der Zuschauer hin zur Entpolitisierung. Diese Elemente werden im einzelnen, ohne Anspruch auf Vollständigkeit, vorgestellt.

- Identifikationsangebot

Nicht zuletzt die im vorigen Abschnitt vorgestellten Forderungen der Macher und Kritiker an zukünftige Serien sprechen mehr oder weniger deutlich von der Notwendigkeit, dem Zuschauer durch und über Serien Identifikationsangebote zu machen. Wenn D.Stolte davon spricht, den Zuschauern ihre Welt zu zeigen, ihre Sprache zu sprechen und ihnen Hoffnung zu geben (bei E.Netenjakob, 1976, S.365), dann mit der Intention, durch ein Betroffenmachen der Zuschauer die Identifikationen zu ermöglichen, die sowohl den Ansprüchen der Programmacher entsprechen als auch die Bedingungen, die sich aus dem Werbeumfeld ergeben, berücksichtigen. So geht es darum, "Wirklichkeitsnähe und Identifikationsmöglichkeiten in gut konsumierbaren Einzelhappen" anzubieten. (s. B.Weidinger, 1976)

Schließlich sieht G.Prager in seinen Thesen zur Problematik der Fernsehserie nicht ganz zu Unrecht diese Programmform als des Zuschauers liebstes Kind, denn durch sie würden "Identifikationsprozesse ... in Gang gebracht, Verhaltensmuster ... geprägt und das Entspannungsbedürfnis ... befriedigt". (1974, S.2) Dies aber wird am ehesten erreicht, wenn man versucht, den Zuschauer betroffen zu machen. Das will besagen, daß "die Feinde der Gesellschaft ... zunächst auch ihn in Angst und Schrecken versetzen (sollen) und ihn zwingen, die Leistungsfähig-

keit dieses Gesellschaftsbildes immer wieder anzuerkennen. Das süße Glück der Versöhnung will auch von ihm immer wieder verdient sein."
(J.Paech, 1973.2, S.39)

Da aber aus Gründen, die später noch näher dargelegt werden, in der kurzen Laufzeit der Serie keine komplexen Sachverhalte oder psychologisch stimmige Fragestellungen entwickelt werden können, besteht das Angebot im immer gleichen Gegeneinander von Gut und Böse, der Folge von Krise und happy end. So kann sich der Zuschauer identifizieren mit Handlungsabläufen, die reduziert sind auf Stereotype, die sich in den verschiedenen "Verpackungen" wiederholen.

Wichtig erscheint allein, daß nichts Unvorhergesehenes geschieht, sondern Vertrautes immer wiederkehrt. (s. J.Rölz, 1972, S.118) So kann auch H.Kellner zu der Charakterisierung des Fernsehens kommen, das möglichst viele redundante Inhalte zu vermitteln hat, um so mögliche Dissonanzen erst gar nicht aufkommen zu lassen. (bei E.Netenjakob, 1976, S.1o9)

Diese Dissonanzminderung beschreibt L.Festinger als folgendes Bestreben: "Immer dann, wenn ein Mensch über Informationen und Meinungen verfügt, die - für sich allein betrachtet - ihn nicht dazu veranlassen würden, eine bestimmte Handlung zu vollziehen, besteht eine Dissonanz zwischen diesen Meinungen und Informationen und der tatsächlich ausgeführten Handlung. Wenn eine solche Dissonanz besteht, wird der Mensch versuchen sie herabzumindern, indem er entweder sein Handeln oder seine Überzeugungen und Grundsätze ändert. Wenn er seine Hand-

lungen nicht ändern kann, wird ein Meinungswandel eintreten."
(1971.4, S.29) Übertragen auf die inhaltliche Struktur der Serien
bedeutet dies aber, daß ihre Inhalte möglichst wenig Dissonanzen
beim Zuschauer hervorrufen dürfen, daß sie im Gegenteil bemüht sein
müssen, vorhandene Meinungen und Informationen zu einem Sachverhalt
beim Zuschauer zu bestätigen und nicht zu berühren. Da zudem bei dem
Publikum zwischen 18 und 2o Uhr nicht von einem fest zu umreißenden
Kreis mit bestimmbaren Interessen oder Vorlieben, Bildungsgrad oder
Altersgruppe zu sprechen ist, sind die Möglichkeiten für Innovationen von vorneherein begrenzt. Die gerne als Verteidigung für den
Wandel in den Serien genannten Produktionen der Eikon wie "Alles Gute,
Köhler" oder "Unser Walter", die die Probleme eines Haftentlassenen
oder einer Familie mit ihrem mongoloiden Kind behandeln, sind nicht
vertretbar. Sie werden im ZDF im Übergang vom Vorabendprogramm ab
19.3o Uhr ausgestrahlt, dauern 45 Minuten und sind nicht zwischen
Werbeblöcke plaziert. Dennoch kann die von ihnen auf andere Produktionen ausgehende Wirkung nicht übersehen werden.

Nicht zuletzt die immer wiederkehrende Situation der Familie erleichtert die Identifikation. Sie suggeriert dem Zuschauer "ein hohes Maß
an Intimität der Problembehandlung, an Wiedererkennbarkeit der eigenen Alltagssituation, an Identifikationsmöglichkeit und darüber hinaus an Lösungsstrategien zur Konfliktbewältigung und -verdrängung".
(K.Hickethier, 1976, S.184) Unterstützt wird dieser Vorgang durch
die Spielorte: Haus, Hof und Garten, nicht nur Orte intensiven Konsums und daher dem Werbeumfeld verwandt (s. K.Hickethier, 1976, S.2o8),
sondern auch am leichtesten dem eigenen Lebensbereich vergleichbar.

So sind die Identifizierungsangebote zwar von unterschiedlicher Bedeutung für den Zuschauer, sie sind aber durchgängig vorhanden, sie sind sogar notwendig, will man hohe Zuschauerquoten erreichen. Sie bilden einen Teil der Redundanz der Serien. Die Möglichkeit für den Zuschauer, sich mit Personen oder Handlungen zu identifizieren, beschränkt sich aber nicht nur auf diese Programmform. Dieses Prinzip wird auch aufgegriffen in den "Informationssendungen" zwischen 17.3o und 2o Uhr. Da wird berichtet von den Ideen "einfacher" Leute, die ihren Hobbys nachgehen und den Anschein erwecken sollen, es komme nur auf den Menschen an, etwas zu schaffen und aufzusteigen. Mit der zweifachen Intention: Eigeninitiative (des Dargestellten) zu loben und zu Aktivität (des Zuschauers) aufzufordern. Dies läßt sich nachweisen für einen Teil der Regionalprogramme und für die zu diesem Zeitpunkt beim ZDF gesendete "Drehscheibe".[29] Das Vorführen großer und kleiner Stars hat denselben Hintergrund. Sie sind Beispiele für Menschen - werden zumindest so hingestellt -, die es "geschafft haben". Die dafür haben hart arbeiten müssen, aber infolgedessen auch viel verdienen dürfen.

Zu diesen Identifizierungsangeboten gehört auch die Wahl der Darsteller. Um möglichst vielen Zuschauern etwas bieten zu können, mit dem sie sich emotional engagieren können, treten Personen der verschiedensten Altersgruppen auf, möglichst drei Generationen einer Familie oder der ältere Hauswirt oder Nachbars Kinder. Um ganz sicher zu gehen, werden Tiere eingeführt, die die Familie vervollständigen. Die-

---

29 vgl. dazu die erste ausführliche Untersuchung über das Regionalfernsehen in Deutschland am Beispiel der "Abendschau" in Baden-Württemberg von H.D.Kübler, 1975, bes. S.226-234; auch S.268ff

se Tiere werden aber nicht als solche behandelt, sondern vermenschlicht, besonders krass und deutlich, wenn sie die "Hauptrolle" spielen wie Lassie, Flipper oder Daktari. Daß dies auch zu den beliebten Standards der Serienproduktion gehört, zeigt auch der nächste Abschnitt.

So lassen sich die Bemerkungen zum Identifizierungsangebot der Serienprogramme des Werberahmens zusammenfassen in folgende Lernziele:

Der Schüler kann Elemente der Serien nennen, die eine Identifizierung für den Zuschauer erleichtern. Er vermag auch Beispiele aus anderen Programmbereichen und anderen Medien zu nennen.
Der Schüler kann die Bedeutung der Dissonanzminderung und ihren Zusammenhang mit Innovation und Redundanz beschreiben.
Der Schüler kann Wirkungen des Stereotyps Familie in den Serien beschreiben. Er vermag auch andere Stereotype zu nennen, die eine Identifizierung erreichen können. [30]

- Standardisierung

Um den Zuschauern die Identifikation zu erleichtern, greifen die Serienmacher auf Standards zurück. Unter ihnen sind immer gleiche Muster zu verstehen, die in jeder Folge einer Serie wiederauftauchen. Dies unterscheidet diese Programmform etwa von einer Sendereihe, in der Personen und Handlungsabläufe sich in Fortsetzungen entwickeln können. Die Serie aber muß "mit jeder neuen Folge zu ihrem Ausgangs-

---

[30] Andere Programmbereiche arbeiten ebenso mit dem Mittel der Identifikation wie etwa Quizsendungen, allerdings sind es dort auch andere Versatzstücke, die diese Wirkung erzielen sollen. Ebenso lassen sich beispielsweise Boulevardpresse und bestimmte Illustrierte als Anschauungsmaterial verwenden, um Identifizierungsmöglichkeiten als Mittel der Verkaufspolitik zu deuten.

punkt zurückkehren: zum immergleichen geographischen, soziologischen und, so sie einen hat, politischen Schauplatz, zum immergleichen Personal, dessen Handlungsmotivationen, zwischenmenschlichen Beziehungen und sonstigen Konstellationen die immergleichen zu sein haben. Das zwingt in einer Weise zur Standardisierung und Versimpelung, daß die Wirklichkeit nur verkürzt, günstigenfalls als Modell widergegeben werden kann." (J.Rölz, 1972, S.112)

Diese Standardisierung bedeutet aber auch gleichzeitig das Aussparen von Ursachen von Gewalttätigkeit und Kriminalität, den Gründen für ein gestörtes Familienleben und Hintergründen von Schwierigkeiten. (s. G.Dahlmüller u.a., 1973, S.137) Diese Isolierung von Konflikten gegenüber ihren Ursachen und Hintergründen wurde schon bei den Fernsehnachrichten als Strukturelement hervorgehoben. Bei den Serien wird es zum Stilmittel, um Dissonanzen mit dem Zuschauer zu vermeiden und der vorangegangenen und folgenden Werbung nicht zu widersprechen. Außerdem stehen schließlich nur 25 Minuten Zeit zur Verfügung, die eine Entwicklung einer Geschichte nicht zulassen und zu einer Konzentration auf Passagen zwingt, die dem Zuschauer dynamische Handlung und Entspannung bieten können.

Von daher mag auch zu erklären sein, daß "im Fernsehen die 'kleinen Leute' von 'nebenan' nur Nebensache (sind). Die Helden haben meistens Traumberufe und leben niemals 'um die Ecke'!" (G.Dahlmüller u.a. 1973, S.356)

Eine weitere Standardisierung wird erreicht durch die Personalisierung auftauchender Probleme. Das bedeutet die Zurückführung der bestehenden Konflikte auf individuelles Fehlverhalten, das bedeutet umgekehrt Erfolg im Falle persönlichen Einsatzes und Wohlverhaltens. Gesellschaftliche Probleme werden individualisiert und privatisiert. (s. K.Hickethier, 1976, S.196) Dadurch werden die vielfältigen Dimensionen aller Konflikte auf eine einzige reduziert. Dies gelingt durch das Einführen von Personen als Idealtypen eines stereotypen Charakterbildes.

J.Fischer/W.Schill unterscheiden vier verschiedene Typen, die abgewandelt in allen Serien auftauchen: "Die Autoritätsperson (...) repräsentiert eine absolut integre Persönlichkeit und fungiert als personifiziertes Über-Ich der Ideologie der Sendung entsprechend. Der Held ist bestrebt, nach den Normen der herrschenden Ideologie zu handeln und sie mit allen Mitteln zu verteidigen. Er wird in Konflikten auf seine Festigkeit geprüft und kehrt stets in die Grundsituation zurück. Der negative Charakter repräsentiert die Bedrohung der herrschenden Ideologie und ist als unheilbar krankhaft charakterisiert. Sein Verhalten ist abnorm und führt zu seiner Vernichtung. Der ambivalente Charakter trägt anfangs Züge des negativen Charakters, wird jedoch durch 'positiven' Einfluß zum 'Normalen' bekehrt." (1974, S.13of) Dieser sehr schematischen Einteilung, die vornehmlich auf die amerikanischen Serien des Western- und Krimigenres zutreffen dürfte, sind andere Charaktere hinzuzufügen: so der mütterliche Typ, der die verfeindeten Gruppen auszusöhnen sucht, oder der komische Typ, der durch sein regelwidriges, aber "nettes" Verhalten für Heiterkeit sorgt.

Diese Typen handeln, leben und sterben nun in den immergleichen Handlungsmustern, deren neue Inhalte lediglich als Garnierung der alten Muster dienen. (s. K.Hickethier, 1975, S.156) Dieses Handlungsmuster läßt sich auf eine "Grundsituation" zurückführen, die durch die stets gleichen Orte, Personen und Milieus gekennzeichnet werden. Um eine ständige Wiederholung zu vermeiden, werden die Grundsituationen durch geographische oder historische Eingriffe verlagert, soziale Bedingungen verändert, das Ganze so verfremdet. (s. J.Fischer/W.Schill, 1974, S.13o) Zu dieser Grundsituation gehört auch, daß zu Beginn einer Folge ein Konflikt auftaucht, der bis zum Ende gelöst wird. Diese Konflikte lassen sich umschreiben mit den Gegensatzpaaren "alt - jung, groß - klein, reich - arm, glücklich - unglücklich, geil - prüde, freundlich - feindlich, heiter - traurig usw.". (G.Dahlmüller u.a., 1973, S.127) Durch diese sogenannte Kontrastmontage wird die Welt in Bruchstücken abgebildet, nur in schwarz-weiß gemalt, die unterschiedlichsten Grautöne ausgespart.

Diese Gegensätzlichkeit der handelnden Personen führt zu einer weiteren Reduktion der Vieldimensionalität menschlichen Zusammenlebens. Gesellschaftliche Auseinandersetzungen werden dann zu Generationsproblemen zwischen Vater und Sohn verharmlost, Minderheitenfragen auf die Alternative Sympathie - Antipathie reduziert und Aufstieg und Erfolg vom persönlichen Verdienst abhängig gemacht.

K.Hickethier beschreibt das Erzeugen von Spannung nach dem immergleichen Muster: "Ein als harmlos dargestellter Zustand wird in der

Regel zu Beginn einer Folge durch ein Ereignis, Vorfall gestört, die Störung wird im Verlauf der Folge beseitigt und die Ausgangssituation wiederhergestellt. Die Spannung entsteht durch eine zumindest partielle Identifikation des Zuschauers mit der zentralen handelnden Person und ihrem Verhalten im Konflikt und bei der Lösung des Konfliktes; zumindest jedoch im Engagement des Zuschauers für das Vorgetragene, zumeist im emotionalen Bereich. Das Happy-End der Folge ist die Wiederherstellung der Ausgangssituation. Das Gegebene, der Status quo, wird durch die Wiederherstellung bestätigt, alle Veränderungen sind als negativ disqualifiziert und abgeblockt." (1976, S.178) Dadurch, daß am Ende der jeweiligen Folge wieder Ordnung herrscht, keine Änderungen vorgenommen wurden und somit auch in der Regel kein Lernprozeß stattgefunden hat, sind dem Zuschauer auch die Dissonanzen erspart geblieben, die seine Aufnahmefähigkeit für das folgende Werbeprogramm beeinträchtigen könnten. [31]

Da Konflikte als durch individuelles Fehlverhalten ausgelöst dargestellt werden und mögliche gesellschaftliche oder soziale Ursachen ausgespart oder verschwiegen werden, können sie auch nur individuell gelöst werden. Dabei handelt es sich im Grunde innerhalb der immergleichen Grundsituation auch um das immergleiche Konfliktschema: "Es besteht aus Konflikten, die durch Konsum gelöst werden, oder durch Konflikte, die durch Konsumverzicht entstehen." (F.Knilli, 1973.2a, S.27) [32] Trifft diese pointierte Darstellung zu, dann wäre

---

[31] vgl. auch die Beschreibung der Parallelmontage als Mittel der Spannungserzeugung bei G.Dahlmüller u.a., 1973, S.133-144

[32] vgl. dazu K.Hickethier, der auch die Werbespots nach diesem Mu-

die Verbindung zu dem werbenden Umfeld perfekt: Die Werbespots sind keine Information für Verbraucher – was sie in den seltensten Fällen sind -, sondern bieten Lösungsmöglichkeiten für Konfliktfälle, Lebenshilfe durch Konsum.

Die Konfliktlösung wird schließlich in jedem Falle auf der individuellen Ebene vorgenommen, wo der Konflikt selber seinen Ausgang genommen hatte. Dies geschieht "zumeist durch glückhafte Wendung der Ereignisse, durch unverhofften Reichtum oder unerwartete Gunst von Mächtigeren in Verbindung mit mannhaft-heldenhaftem Einsatz oder doch zumindest mit seiner Proklamation, in Verbindung mit tugendhaftem, moralisch richtigem, anständige Verhalten oder mit der Ehrlichkeit und Treue, die letztlich doch am längsten währen würde." (K.Hickethier, 1975, S.144) Diese in aller Regel unverhofft eintretende Lösung des Konflikts verhindert die kritische Reflexion des Zuschauers über dessen Ursachen und realen Lösungsmöglichkeiten. Insofern scheint es zynisch, von solchen Serien eine Betroffenheit der Zuschauer anzunehmen, im Sinne einer Lebenshilfe oder der Möglichkeit, im Fernsehen gebotene Bewältigungen in den eigenen Lebensbereich zu transferieren.

So stellt sich die Frage, ob es nicht möglich ist, "Konflikte zu zeigen und Konfliktlösungsmöglichkeiten anzubieten, die parteilich sind für diejenigen, die die Mehrheit der Bevölkerung ausmachen".

---
ster produziert sieht: eine Krise wird durch Anwendung eines bestimmten Produkts gemeistert. (1976, S.2o7) Vgl. etwa "Clementine und Ariel" oder "Rexonaduft".

(C.W.Müller bei E.Netenjakob, 1976, S.62) So lange dies aber nicht geschieht, ist G.Dahlmüller u.a. zuzustimmen, wenn sie schreiben: "Fernsehen fungiert so nicht als Medium der Aufklärung, sondern betreibt systematisch die zunehmende Verfälschung von Bewußtseinsinhalten, indem es soziale Konflikte nicht in ihren Entstehungs- und Begründungszusammenhang stellt, sondern sie zu Schablonen 'allgemeinen menschlichen Verhaltens' und der 'individuellen Anstrengung zum Glück' umfunktioniert." (1973, S.178)

Nun ist nicht zu verschweigen, daß es redliche Ansätze gibt, realitätsnähere Serien zu produzieren, ihnen einen "sozialpolitischen Touch" zu geben. So lange aber die deutschen Fernsehanstalten auf den Import ausländischer Serienproduktionen, vor allem aus Amerika, angewiesen bleiben - und das scheint für die absehbare Zukunft wegen der finanziellen Misere der Fall zu sein -, so lange ist keine wesentliche Verbesserung der inhaltlichen Struktur zu erwarten. Zumal die amerikanischen Serien ausdrücklich für die werbungtreibende Industrie produziert werden und ursprünglich alle sechs Minuten - auf den Handlungshöhepunkten - durch Werbespots (Commercials) unterbrochen werden.

Am Ende dieses Abschnittes lassen sich folgende Lernziele beschreiben:

Der Schüler kann die vereinfachende Wirkung standardisierender Darstellungen beschreiben. Er weiß um solche Elemente in anderen Bereichen menschlichen Zusammenlebens wie Begrüßung, Einkauf, Straßenverkehr.
Der Schüler kann den Unterschied zwischen einer Sendereihe und einer Serienfolge beschreiben.
Der Schüler kann die verschiedenen Standards einer Serie nennen. Er

Der Schüler kann kann über Personalisierung, Handlungsmuster, Konfliktschemata und -lösungen hinaus noch andere nennen.
Der Schüler kann personelle und handlungsbezogene Standards beschreiben, ihre mögliche Wirkung beurteilen und versuchen, alternative Möglichkeiten zu entwickeln, indem er gesellschaftliche Ursachen für Konflikte beispielsweise mit in die Konstruktion einer Serie einbezieht.
Der Schüler kann den Wirklichkeitsbezug der Serie beurteilen. Er vermag Teile einer Serie am eigenen Erfahrungsschatz zu überprüfen.
Der Schüler kann verschiedene Typisierungen von Personen, die immer wieder auftauchen, beschreiben.
Der Schüler kann die Grundsituation und ihre Bedingungen und Kennzeichen beschreiben.
Der Schüler kann die Form der Konfliktdarstellung und -lösung in den Serien beschreiben und bewerten. Er vermag eine Beziehung zu dem Werberahmen herzustellen.
Der Schüler kann zwischen den glückhaften Wendungen am Schluß der einzelnen Serienfolgen und dem eigenen Lebensbereich eine Beziehung herstellen.
Der Schüler kann die Funktion solcher Serien für eine Erziehung der Zuschauer zur Mündigkeit und Selbstbestimmung beurteilen. Er versucht, alternative Möglichkeiten zu finden.

- Ideologisierung

Es dürfte deutlich geworden sein, daß in diesem Zusammenhang zunächst Elemente der Unterhaltungsserien des Werberahmenprogramms untersucht werden, die eine negative Wirkung auf den Zuschauer ausüben. Unter negativen Wirkungen werden global solche verstanden, die eine Selbstbestimmung und Emanzipation behindern, die eine kreative Fähigkeit nicht fördern und eine entpolitisierende Wirkung ausüben. Dieser negativen Abgrenzung soll aber auch eine positive gegenübergestellt werden, damit nicht der falsche Eindruck entsteht, als sollten nach dem vorliegenden Konzept alle Sendungen den Zuschauer politisieren, aktivieren und emanzipieren. Dies kann ebensowenig Ziel sein wie das andere Extrem.

Insofern ist nun auch der Begriff der Ideologisierung der Zuschauer durch den Konsum der Serien zunächst als Vorwurf aufzufassen. Ideologien werden verstanden als interessen- und machtbedingte Ansprüche mit der Funktion der Rechtfertigung des Bestehenden. Ideologie ist das System der gesellschaftlichen Vorstellungen, das bestimmte gegensätzliche Interessen zum Ausdruck bringt. Diese wiederum schließen bestimmte Attitüden, Normen und Wertungen ein. [33]

Übertragen wir dies auf das Angebot der Serien, also deren Überbau, der nicht unmittelbar ausgedrückt wird, sondern eingeschlossen ist in Dialoge und Verhaltensformen, Konflikte und deren Lösungen, so bleibt zu untersuchen, wie weit und mit welchen Mitteln Interessen und Machtansprüche Bestehendes rechtfertigen. Daß dies verfremdet wird, auf die Zuschauer nicht unmittelbar wirkt, sondern, da als Unterhaltung aufgenommen, internalisiert wird, versteht sich aus der Konzeption dieser Programme.

Zumal es unterhaltender ist, "sich in dem Bereich kontrollierter Phantasie als in sozialer Realität herumzutreiben. Damit ist das politische Ziel von Genre-Serien genannt. Ihnen geht es nicht mehr darum, kohärente Ideologie, die zumindest den Schein von Rationalität beanspruchen kann, zu verbreiten, sondern sie stellen Interpretationsschablonen allgemeinster Art bereit. Ihre Rationalität besteht einzig im Raffinement des Betrugsvermögens. Da sie vom Genre her schon der Vergangenheit angehören (gemeint sind besonders die

---

[33] vgl. zum Ideologiebegriff etwa P.Ehlen, 1976, S.178f und G.Klaus/ M.Buhr (HG), 1972.8, S.5o4-5o6; dort auch weitere Literaturangaben

Western-Serien; MT), sind sie desto geeigneter, jede Erkenntnis über die Gegenwart schon im Ansatz zu sabotieren." (M.Pehlke, 1973.2, S.9o) [34] So wird jede kritische Auseinandersetzung über Gründe und Ursachen gesellschaftlicher wie familiärer Konflikte vermieden, die Reflexion über soziales Verhalten und unsoziale Verhältnisse verhindert: "eine Analyse gesellschaftlicher Verhältnisse oder auch nur die Darstellung historischer Finanz- und daher Machtmechanismen fand nicht statt". (H.J.Herbort, 1972)

Dies wird erreicht durch eine strenge Trennung von Arbeits- und Freizeitbereich, die allerdings fiktiv ist, weil im Freizeitbereich inzwischen die gleichen Mechanismen angewandt werden wie während der Produktionsphase. Es wird gerade in den Werberahmenprogrammen der Eindruck vermittelt, als könnte die Gleichheit aller erreicht werden im gemeinsamen Konsum. Die tatsächlich vorhandenen und täglich spürbaren Differenzierungen unserer Gesellschaft werden so unterschlagen. (G.Dahlmüller u.a., 1973, S.183) Denn Werbung und Serie haben die gleiche ideologische Zielrichtung. Dies wird spätestens dann deutlich, wenn gefragt wird nach "Art und gesellschaftlicher Herkunft (dessen), was hier als Schmerz, Konflikt oder Spannung in Erscheinung tritt, zum anderen, wie es in Werbung und Fernsehen präsentiert wird". (G.Dahlmüller u.a., 1973, S.168) Man wird dann schnell zu dem Ergebnis kommen, daß Konflikte durch Konsumverzicht entstehen, daß sie aber auch durch Konsum gelöst werden können. Dies wurde schon früher ausgeführt.

---

34 vgl. entsprechend die Romane von J.M.Simmel; dazu W.Rieger, 1970

Hier bekommt aber Konsum seine ideologische Dimension, indem in harmonisierender Weise Unterschiede überspielt werden und der Eindruck vermittelt wird, man konsumiere nicht eine Ware, sondern Glück und Freiheit, Ansehen und Freude. Dadurch aber könne man sich auf eine gleiche Stufe stellen mit denen, die als privilegiert gelten.Mit anderen Worten, Unterschiede gibt es schon, aber sie lassen sich durch entsprechenden Konsum ausgleichen.

Dieser Hintergrund aber beschränkt sich nicht nur auf Serien, die in der Gegenwart spielen. Durch die Transponierung aktueller Stoffe in die Vergangenheit wird immer neu der Versuch gemacht, "die Allgegenwart heute herrschender Normen, Wertsysteme und Verhaltensweisen auch in anderen gesellschaftlichen Bereichen und historischen Epochen zu beweisen und sie so als ewig-natürlich zu legitimieren". (K.Hickethier, 1975, S.143)

Nach diesen mehr grundsätzlichen Überlegungen zu Ideologisierung durch Fernsehserien soll nun an konkreten Punkten eine Vertiefung erfolgen. Dabei geht es um zwei große Problemkreise, die allerdings nicht eindeutig voneinander zu trennen sind, weil sie sich gegenseitig beeinflussen: Gesellschaft und Familie.

Mit dieser Ideologisierung der Unterhaltungsprogramme einher geht eine Entpolitisierung der Zuschauer. Darunter ist zu verstehen eine Verinnerlichung von bestehenden Werten und Normen, Verhaltensweisen und Einstellungen und die gleichzeitige Verhinderung kritischer Infrage-Stellung. Dies geschieht auf dreifache Weise: durch die

Gleichsetzung subjektiver Werturteile mit objektiven Ist-Aussagen, durch die Gleichsetzung von gesellschaftlicher Realität mit natürlichen Gegebenheiten und schließlich durch die Gleichsetzung von Normen aus verschiedenen gesellschaftlichen Bereichen. (H.Dräger u.a. o.J., S.62) Durch diese dreifache Gleichsetzung, die sich auch zurückführen läßt auf die schon früher geschilderte Gleichsetzung von Wirklichkeit und dem im Fernsehen Vermittelten, werden die Zuschauer daran gehindert, ihre tatsächliche Position innerhalb dieser Gesellschaft zu begreifen und im Kontakt mit anderen nach Lösungsmöglichkeiten zu suchen, die Verhältnisse so zu beeinflussen, daß die Mehrheitsinteressen entsprechend berücksichtigt werden.

Um nicht mißverstanden zu werden, sei noch folgendes hinzugefügt: Schüler lernen auf dem Gymnasium, um später möglicherweise ein Fach studieren zu können, das ihren Veranlagungen und Leistungen entspricht. Durch den herrschenden Numerus Clausus werden viele von ihnen daran gehindert, auch aus dem Grund, weil ein bislang unzulängliches Zulassungsverfahren zwar Noten berücksichtigt, nicht aber soziale Verhaltensweisen. Da liegt es nahe, daß sich Betroffene zusammentun, um gemeinsam nach Mitteln und Wegen zu suchen, das Recht auf Bildung und die freie Berufswahl durchzusetzen und sich weigern, in diesem Fall den Numerus Clausus als gegeben und unveränderbar hinzunehmen.

Hier könnte beispielsweise ein Ansatzpunkt für eine Serie liegen, in der bestehende Verhältnisse nicht fatalisierend wiedergegeben werden. Vielmehr sollten sie geschichtlich und gesellschaftlich bedingt ver-

standen und dargestellt werden. So könnte eine solche Serie Modelle
anbieten, mit solchen Problemen fertig zu werden.

Einen Versuch in dieser Richtung macht zum Beispiel die Serie "Eine
ganz gewöhnliche Geschichte". In der Folge "Familie Engelmann" wird
gezeigt, wie ein junges Ehepaar durch widrige Umstände keinen anderen Ausweg mehr weiß, als sein Kind auszusetzen. Nach einer ansatzweise verständnisvollen und aufklärenden Moderation wird in Spielszenen die Entstehung des Konflikts gezeigt, die verschiedenen Schritte der Eskalation bis hin zur Katastrophe. Im konventionellen Sinn
hätte die Serie beim Aussetzen des Kindes begonnen und mitleiderweckend den Versuch geschildert, Unterkunft zu finden und die Eltern
zu suchen. So wurde hier wenigstens ansatzweise der Versuch gemacht,
auch die Genese eines Konfliktes in den Serienstoff mit einzubeziehen, wenn auch nur oberflächlich. Denn die Frage nach der Notwendigkeit beispielsweise der getätigten Anschaffungen, die die Geldprobleme verursachten, wurde nicht gestellt.

Die Familie gilt als "das Leitbild bürgerlichen Sozialverhaltens".
(J.Paech, 1973.2, S.29) In ihr dokumentiert sich die "heile Welt".
Besonders dann, wenn sie unvollständig ist, geht das ganze Bestreben dahin, diese Vollständigkeit wiederzuerlangen. Und dies bestärkt
den Eindruck, erst die vollständige Familie bilde das Endstadium
irdischen Glücks. [35] Nicht überraschend korrespondiert dieses Bild
der heilen und glücklichen Familie mit dem der Werbespots. Im Kon-

---

[35] vgl. dazu etwa "Eddie's Vater" oder "Alexander und die Töchter"
bei K.Hickethier, 1976, S.184ff

sum vereinigt sich die soziale Gruppe zu gemeinsamem Verhalten.
Hinzu kommt, daß gesellschaftliche Probleme zu familiären erklärt
werden und so auch individuell und familiär gelöst werden können.
(K.Hickethier, 1976, S.184)

Zu beachten ist auch vielfach die Verknüpfung von Arbeits- und Familienbereich durch den Familienbetrieb. Hierarchisch strukturierte Entscheidungsvorgänge werden so übertragen in den privaten Bereich, als Lösungsmöglichkeit angeboten und so die fließenden Übergänge zwischen Produktions- und Regenerationsbereich weiter betont.

Erreicht aber wird keineswegs, was möglicherweise beabsichtigt ist, nämlich die "Spiegelung vorhandener und neu entstehender Probleme des Arbeitsbereiches und des Sozialverhaltens". (K.Hickethier, 1976, S.188) Gehorsam, Fleiß und Sparsamkeit werden mit Anerkennungsprämien belohnt. Damit wird eine "kleinbürgerliche Unternehmer- und Familienideologie" verbreitet, die die Zuschauer an die autoritären Gesellschaftsstrukturen anpassen soll. (s. G.Dahlmüller u.a., 1973, S.2o3) Diese im Grunde autoritären Strukturen finden sich am ausgeprägtesten in den Western-Serien, lassen sich aber modifizieren und ebenso bei Krimi- und Science-Fiction-Serien nachweisen: "Der Appell an das unbedingte Durchhaltevermögen; die Sakrosanktionierung des Privateigentums; die moralische Relativierung des Mordes bei der Verteidigung von Ehre, Vaterland und materiellem Besitz; die Aufforderung, sich der gerechten, weil mächtigen Führerpersönlichkeit bedingungslos zu unterwerfen." (J.Rölz, 1972, S.115) All diese in den Serienprogrammen stets wiederholten Verhaltensweisen müssen von eine sich emanzipatorisch und kommunikativ verstehenden Erziehung abgelehnt werden.

Insofern muß es einer sich von dort herleitenden Fernsehkunde vordringlich darauf ankommen, die im Fernsehen gezeigten Formen sozialer Interaktion zu analysieren und zu bewerten. Gerade auch die Schule, deren Aufgabe es sein sollte, soziales Verhalten und Kommunikation miteinander einzuüben, muß an den vom Fernsehen vermittelten und leicht zu übernehmenden Verhaltensformen ansetzen und danach trachten, sie zu überwinden. Dazu gehört aber auch, die dahinter liegende Ideologie als solche zu entlarven, ohne an ihre Stelle gleich eine neue zu setzen.

Während nun in den Serien die Familie in ihren verschiedenen Zusammensetzungen eine Rolle spielt, wird die sie umgebende und prägende Gesellschaft in den Hintergrund gedrängt. Es hat den Anschein, als lebe die Familie in einer gesellschaftsfreien, "heillos heilen Welt". (J.Paech, 1973.2, S.29) Die Gesellschaft wird reduziert auf eine "Familien-Familie", ein weiterer Schritt, durch Privatisierung und Individualisierung von tatsächlichen Problemen und ihren Ursachen abzulenken. In der Serie werden "Prototypen gesellschaftlicher Vorgänge" vorgestellt (s.J.Paech, 1973.2, S.3o), die Modellcharakter besitzen und so den Transfer des Zuschauers auf den eigenen Erlebnisbereich erleichtern sollen.

Dieses Prinzip wird dann aufgebrochen, stellt man bestimmte Berufsgruppen in den Mittelpunkt einer Serie, so Personen aus dem Dienstleistungs- oder Organisationsbereich der Gesellschaft. Dieses Vorgehen hat den Vorteil, daß zumindest die Hauptrolle mit einem Schauspieler besetzt werden kann, der der ganzen Serie sein Profil gibt. Das hat zur Folge, daß der Zuschauer zumindest in diesem Fall Reaktionen und Verhaltensweisen interpretieren kann, "weil er ihn besser kennt". Das ist zum Beispiel der Fall bei Serien wie "Unsere Penny", "Der Anwalt" oder "Die Assistenzärzte". Hier stehen immer wieder die gleichen Personen im Mittelpunkt des Geschehens, der Zuschauer kann sich mit ihrem Vorgehen und Bemühen identifiziere

Hinzu kommt das Milieu, in dem die meisten Serien spielen: In aller Regel ist es der gehobene Mittelstand, der fianzielle Probleme von vorneherein nicht kennt. Dann werden die Frage nach dem Kauf eines dritten Autos oder ein Reitunfall zum Problem, das ein krisenhaftes Geschehen auslösen kann. Da man andererseits davon ausgehen kann, daß 80 Prozent der Zuschauer über Volksschulbildung verfügen und dementsprechend verdienen, grenzt die Forderung von D.Stolte - dem Volk aufs Maul schauen - angesichts solcher Problemstellungen an blanken Zynismus.

Da scheint es schon gelungen, wenn "Ekel Alfred" in einer seiner Folgen die Ursachen der plötzlichen Werbekampagne der Bundespost für mehr Telefone auf seine Weise, aber nicht unrichtig, analysiert und so den Zuschauer auf unterhaltsame Art Nachhilfeunterricht gibt über den Zusammenhang von Industrie und Monopolbetrieben. Nur ist der Einwand berechtigt, daß es sich dabei zwar um eine Serie handelt, nicht aber um eine im Werberahmenprogramm. Dennoch kann sie als Beispiel dafür dienen, daß auch Aufklärung über gesellschaftliche Zusammenhänge in unterhaltsamer Form möglich sind und beim Zuschauer angenommen werden.

So kann bei den Serien des Werberahmens durchaus von Ideologisierung gesprochen werden. Diese hat ihre Ursache sowohl in den Bedingungen des Umfeldes, das aufklärende und informierende Sendungen erschwert, zum anderen aber in der Gesamtanlage des Fernsehens überhaupt, das eher stabilisierende Funktionen übernimmt als emanzipatorische. Dies wurde bisher deutlich bei den Nachrichtensendungen, nun auch bei den unterhaltenden Serien des Werberahmens.

Für den Unterricht mit und über diese Inhalte sind als Lernziele zu nennen:

Der Schüler kann Ideologie als System der gesellschaftlichen Vorstellungen beschreiben, das bestimmte gegensätzliche Interessen zum Ausdruck bringt. Er kann die dies einschließenden Attitüden, Normen und Wertungen nennen. Er vermag Beispiele für Ideologien zu nennen.
Der Schüler kann die Verfremdung der Ideologien in den Serien analysieren. Er kennt Elemente, die dies zulassen. Er kann ihre Verwendung beurteilen.
Der Schüler kann die Bedeutung der Unterhaltung für das Durchsetzen einer bestimmten Ideologie abschätzen. Er ist in der Lage, auch Transponierung bestimmter Stoffe in die Vergangenheit und andere geographische Gegebenheiten als ideologische Interpretationsversuche zu deuten.
Der Schüler kann die isoliert dargestellten Konflikte auf individuell und/oder gesellschaftlich bedingte Ursachen zurückführen. Er ist in der Lage, bei Vorgabe des Stoffes, eigene Vorstellungen der Realisierung zu entwickeln, die den Versuch unternehmen, nicht wertfrei, aber ideologiefrei vorzugehen. [36]

---

[36] Hier ist Gruppenarbeit dringend erforderlich. Die Schüler sollten

Der Schüler kann den Hintergrund der Trennung von Produktions- und
Regenerationsbereich erläutern. Er kann dies in
einen Zusammenhang setzen zum Umfeld der Werbung.
Der Schüler kann die harmonisierenden Bestrebungen der Serien auf
ihren ideologischen Hintergrund hin analysieren.
Er kann beschreiben, welche Rolle bei dieser Harmonisierung der Konsum spielt.
Der Schüler kann beschreiben, wie durch Serien einer Entpolitisierung
der Zuschauer zugearbeitet wird. Er kann Ansätze
für Alternativen nennen. Er ist in der Lage, Beispiele für eine Fatalisierung des Geschehens zu
nennen.
Der Schüler kann die Ideologie als solche beschreiben, die hinter
der Darstellung der Familie in den Serien steht.
Er vermag dieses Bild der Familie abzugrenzen von
den tatsächlichen Aufgaben und Möglichkeiten der
Familie. Er ist in der Lage, eigene Erfahrungen
zum wertenden Vergleich heranzuziehen.
Der Schüler kann den Zusammenhang von Gesellschaft und Familie nennen und dieses Verhältnis beschreiben.

- Kompensierung

Nachdem in den drei vorangegangenen Abschnitten die vornehmlich negativen Auswirkungen und unbewußten Intentionen der Serien des Werberahmens beschrieben worden sind, soll es hier um eine mögliche positive Auswirkung gehen.

Es ist davon auszugehen, daß der Zuschauer während seines Arbeitsalltags, aber auch im Familienbereich Frustrationen erlebt. In diesen Frustrationen erlebt er die Grenzen seines Einflusses, aber auch die begrenzten Möglichkeiten seiner Persönlichkeit. Nach Meinung von H.Röhrs legt dies "nicht nur das Ausweichen in eine Wunsch- und Traumwelt nahe, sondern erzeugt auch eine hohe Bereitschaft der Ein- und Einsfühlung mit den dort begegnenden Lebensentwürfen und ihren

---
dabei in der Lage sein, zu vorgegebenen Konflikten, die auch schon
gesendeten Serien entnommen sein können, sowohl eine Genese zu
schreiben, als auch sie einer Lösung zuzuführen, die emanzipatorischen Vorstellungen ebenso entspricht wie der Nähe zur Realität.

Trägern". (1966, S.274) Er billigt also den Unterhaltungssendungen des Fernsehens eine Kompensationsfunktion zu, die um so wirksamer sein wird, je geringer der Bildungsstand. H.Röhrs folgert nämlich weiter, daß mit zunehmendem Bildungsgrad auch die kritische Distanz zum Programmangebot zunimmt. So wäre dann auch der geringere Fernsehkonsum höher Gebildeter zu erklären.

Allerdings sollte man auch fragen, ob diese Angehörigen einer höheren Schicht nicht auch gelernt haben, ihre Freizeit anders zu verbringen, als die Angehörigen anderer Schichten, daß sie zudem durch ihre räumlichen und finanziellen Chancen eher die Möglichkeit haben, auf das Fernsehangebot zu verzichten. Es bleibt auch die Frage, ob H.Röhrs nicht vorschnell kritisches Denken mit Ausbildungsstand in eine unmittelbare Korrelation setzt. Zudem sollte nicht übersehen werden, daß das gesamte Angebot von Stereotypen und Klischees geprägt ist, was in jedem Fall nur die Wahl zwischen Sehen und Nicht-Sehen läßt. Kritisches Distanzierungsvermögen wird erst dann bedeutend, wenn die Entscheidung für Letzteres fallen wird. Anderenfalls wird sie zur modischen Attitüde.

Wobei nicht der falsche Eindruck erweckt werden soll, Unterhaltungsprogramme seien generell abzulehnen. Unterhaltung als Entspannung und Ablenkung ist unbedingt notwendig. Fernsehen kann dazu seine Leistung erbringen, Unterhaltung gehört zu seinem Programmauftrag. Allerdings sollte sich der Zuschauer auch der versteckten Botschaften und Intentionen bewußt werden. Dies Unbewußte aber ist im Grunde das Entscheidende. Und dies tritt in den Serien des Werberahmens konzentriert und vielfältig auf. Deshalb hier schon die Folgerung: Unterhaltung ja, Unterhaltung auch im Werberahmen, aber mit anderen Inhalten.

Um aber dem Zuschauer die Möglichkeit der Kompensation geben zu können, müssen Dissonanzen vermieden werden; bleiben "Begriffe wie Interesse, Herrschaft, Repression, Konflikt und Resignation" ausgespart. (s. J.Fischer/W.Schill, 1974, S.131) Außerdem muß dem Zuschauer die Möglichkeit zur Identifikation gegeben werden. Das aber bedeutet auch, daß über die allgemein angebotenen Identifikationsmöglichkeiten, die oben beschrieben wurden, eine Person zum "Relais" gemacht wird, an der die Handelnden im Film das vorführen und die Lernprozesse und Anpassungsvorgänge in Gang setzen, die eigentlich vom Zuschauer erwartet werden. (s. M.Pehlke, 1973.2, S.78) Der Zuschauer wird so zu Lösungen geleitet, die die zerstörte Ordnung wiederherstellen und ihm so ein Gefühl der Befriedigung verschaffen. [37]

Hinzu kommt in einem "Mief von Sauberkeit" (J.Paech, 1973.2, S.29) das Bestreben der Serienmacher, eine Welt zu vermitteln, in der Eindringlinge von außen, die eine geordnete Welt stören, von den "Eingeborenen" vertrieben werden. Ganz abgesehen davon, daß auf diese Weise Vorurteile gegen Fremde gefördert anstatt abgebaut werden, ge-

---

[37] vgl. auch die Ausführungen von G.Dahlmüller u.a., 1973, die darauf hinweisen, daß der Werbemechanismus des "teurer kaufen" mit dem Quizmechanismus des "besser wissen" korrespondiert und im Grunde auf das gleiche Ziel weisen: den sozialen Aufstieg. (S.18o) Durch die Identifikation mit den handelnden Personen im Film vollzieht der Zuschauer ebenfalls deren Glücks- und Angstgefühle und kann so seine eigenen Probleme verdrängen, seine Frustrationen kompensieren.

hört dies zu einer schematischen Darstellung der Welt, in der Sauberkeit im Kleinen mit der Sauberkeit im Großen in eins gesetzt wird. Denn "Genres wie der Rancher-Western, der Agentenfilm und die Science-fiction kreisen um eine geordnete, saubere Welt, die von Eindringlingen und von fremden Mächten bedroht wird, und um die vielfältigen Bemühungen, durch einen siegreichen Kampf gegen diese Eindringlinge den ursprünglichen Zustand wiederherzustellen."
(G.Dahlmüller u.a., 1973, S.186) Die Autoren nennen die gesellschaftliche Funktion dieser Fernsehserien und die der Sauberkeitswerbung "Sozialhygiene". Sie verstehen darunter die Absicht der Macher, dem Zuschauer das Bild einer heilen und geordneten Welt vorzustellen, in der es zwar Krisen gibt, wo aber spätestens zu Serienende wieder alles im Gleichgewicht ist, alles sauber ist. Ebenso wie die Sauberkeitswerbung Feindbilder aufbaut (der Gilb, hartnäckige Schmutzreste u.ä.), sind es in den Seriengenres Feindgruppen, Eindringlinge, Außenseiter. Der böse Andere wird bekämpft (s. G.Dahlmüller u.a., 1973, S.192)

So hat Sozialhygiene eine zweifache Funktion: "Sie dient einerseits als Rechtfertigung der Isolierung der gesellschaftlichen Individuen und andererseits als Kanalisationsinstrument von Ängsten, Frustrationen und sozialem Konfliktpotential auf gesellschaftliche Randgruppen, ethnische Minoritäten usw." (G.Dahlmüller u.a., 1973, S.195) Sozialhygiene in der zweiten Funktion ist zweifelsohne notwendig für ein Gemeinwesen, in der ersten Form beinhaltet sie die Gefahr einer fortschreitenden Anonymisierung der Gesellschaft, in der sich der Einzelne zunehmend von den anderen isoliert.

Dem entgegenzuwirken, muß auch die Schule antreten. Sie muß Angebote machen, Isolierungen aufzubrechen und den Wert des sozialen und kommunikativen Miteinander zeigen. Hinzu tritt die Aufgabe, Kompensationsmöglichkeiten außerhalb der technischen Medien aufzuspüren, denn im Grunde bieten auch Zeitschriften wie Bravo beispielsweise nichts anderes als Kanalisationsangebote. Zumindest aber muß Schule Aufklärung leisten über Sozialhygiene im allgemeinen und die "sozialhygienischen Funktionen" des Fernsehens. Dabei darf sie nicht bei den Symptomen stehenbleiben. Sie muß vielmehr im Dialog der Schüler untereinander und mit den verschiedenen Fachlehrern die Ursachen der "Ängste, Frustrationen und des sozialen Konflikpotentials" suchen und finden und nach Wegen suchen, diese Ursachen zu beseitigen. Zumindest aber sollten die Schüler in die Lage versetzt werden, verschiedene Ursachen zu finden und sich gegenüber den so entstehenden Herausforderungen entsprechend verhalten zu können.

Zu diesem affektiven Lernziel in diesem Zusammenhang kommen folgende Lernziele:

Der Schüler kann die Bedeutung der Kompensation für das menschliche Leben im individuellen wie im sozialen Bereich beschreiben. Er kann Kompensationsmöglichkeiten benennen.[38]

Der Schüler kann die Bedeutung der Unterhaltungssendungen des Fernsehens für diese Kompensation nennen unter besonderer Berücksichtigung der Serien des Werberahmens.

Der Schüler kann die Wichtigkeit von Unterhaltungsprogrammen nicht nur aus dem Programmauftrag der Anstalten, sondern

---

[38] Hier bietet sich ein Aufgreifen der als Erklärungsmöglichkeiten für aggressives Verhalten genannten verschiedenen Theorien an. Aggression kann so als Kompensationsmöglichkeit verstanden werden.

Der Schüler kann
auch aus dem eigenen Erfahrungsbereich ableiten.
die versteckten Botschaften und Intentionen, die
ihm über die Unterhaltungssendungen vermittelt
werden sollen, nennen. Er kann dabei auf früher
genannte Faktoren wie Standardisierung und Ideologisierung zurückgreifen.

Der Schüler kann die Faktoren nennen, die eine Kompensationsfunktion für den Zuschauer ausüben.

Der Schüler kann die Beziehungen zwischen dem Sauberkeitsfetischismus der Werbung und dem Sauberkeitsbemühen im übertragenen Sinne in der Serie beschreiben und werten.
Er kann den Begriff der Sozialhygiene an Beispielen erläutern und seine Notwendigkeit belegen.

3.22 Formale Darbietung

Die Elemente des dramaturgischen Aufbaus und der formalen Darbietung sind nicht so streng trennbar, wie es hier der Verdeutlichung wegen geschieht. Sie ergänzen sich vielmehr in einer Art und Weise, daß man fast schon von einer gegenseitigen Integration sprechen kann. Im folgenden werden die formalen Aspekte dennoch stärker in den Vordergrund gerückt, um ihr besonderes Gewicht anschaulich zu machen.

- Wiederholungscharakter

Allgemeinstes formales Kriterium für eine Serie ist ihr Wiederholungscharakter. Dadurch, daß eine Thematik immer wieder am gleichen Programmort und zur gleichen Zeit im Programm erscheint, mit immer den gleichen Hauptdarstellern, der geographischen und historischen Fixierung des Handlungsstoffes und der Art der Abwicklung von auftauchenden Konflikten, dadurch wird eine Serie charakterisiert. Welche Gründe dies inhaltlich hat, wurde in den vorigen Abschnitten ausführlich behandelt.

Hier geht es um mehrere formale Charakteristika: zunächst um den immer gleichen Vorspann und Nachspann.[39] Durch die Wiederholung der Musik und des Titels wird dem Zuschauer die Einordnung des folgenden Programms erleichtert. Er kann eingestimmt werden auf das zu Erwartende. Er wird in eine Stimmung versetzt, die ihn bereit macht für die "Botschaft" der Serienfolge. Das Vorspiel macht ihn gespannt, zumal, wenn hier schon der zu lösende Konflikt dargestellt wird, wie es zunehmend in den Krimi-Serien geschieht. Das kann allerdings auch den Nachteil haben, daß Zuschauer, die sich zu spät einschalten, zunächst nur schwer den Zusammenhang rekonstruieren können. Daß es dennoch in den meisten Fällen nach einigen Minuten gelingt, wird ermöglicht durch die immer gleichen Versatzstücke, die verwandt werden, um Spannung zu erzeugen oder action-Szenen zu inszenieren.

Im Nachspann wird oft, bei der gleichen musikalischen Untermalung wie zu Beginn, die gezeigte Episode durch Standfotos noch einmal zusammengefaßt. Auf diese Weise kann die aufgebaute Spannung abklingen und der Zuschauer ist aufnahmebereit für das folgende Werbeprogramm, dem er seine Aufmerksamkeit schenken soll, ohne durch das vorher Gesehene noch gefesselt zu sein.

Innerhalb des Seriengenres sind zwei verschiedene Arten von Episoden zu unterscheiden. Die eine Form setzt sich aus vielen verschiedenen in sich abgeschlossenen Folgen zusammen, die weder aufeinander

---

[39] vgl. dazu die Vor- und Nachspannanalyse einer Serienfolge mit Doris Day bei J.Borchardt u.a., 1974, S.165-171

aufbauen, noch sonstwie aufeinander bezogen sind. Sie sind daher in der Reihenfolge ihrer Ausstrahlung auch nicht festgelegt und es kommt durchaus vor, daß Serienfolgen bei der einen Anstalt in ganz anderer Reihenfolge ausgestrahlt werden als bei einer anderen. Auf diese Weise müssen die Autoren bei jeder Episode gleichsam bei Null anfangen, da sie auch ihre Hauptpersonen nicht einen Entwicklungs- und Lernprozeß durchlaufen lassen können. Sie können diesen lediglich bestimmte Charaktereigenschaften und Persönlichkeitsmerkmale mitgeben, die sie in ihrem Verhalten und ihren Reaktionen auf die Zwischenfälle einer jeden Folge reagieren lassen.

Zu diesen abgeschlossenen Episoden im Gegensatz stehen die sogenannten offenen Episoden. Damit sind Serien gemeint, deren Folgen aufeinander aufbauen im Ablauf der Zeit, durch den Bezug der einen Folge auf Ereignisse der vorangegangenen, durch Entwicklungsprozesse der handelnden Personen und so fort. Markantes Beispiel dafür ist die Serie "Die Macht des Geldes", die als Familiengeschichte die unterschiedlichsten Konflikte vom nichtehelichen Sohn über die Unterstützung von Guerilleros bis zum Mordversuch zu schildern versucht. Eine jede Episode schließt offen, das heißt, die Lösung des in dieser Folge entwickelten Konflikts wird erst in der nächsten Folge geboten. Der Zuschauer wird daher in Spannung versetzt, wird auch die nächste und übernächste Folge sehen wollen und kann so an den Bildschirm gefesselt werden. Außerdem bietet diese Form der Seriengestaltung die Möglichkeit, Persönlichkeiten zu entwickeln, Lernprozesse der handelnden Personen in Gang zu setzen und die Geschichte differenzierter zu erzählen. Allerdings fehlt hier das Auflösen der Spannung am Schluß, was aber durch die große Wahrscheinlichkeit wieder ausgeglichen wird, mit der der Zuschauer auch die nächsten Folgen wieder anschauen wird.

Folgende Lernziele sind zu nennen:

Der Schüler kann die Elemente der formalen Darbietung der Serien des Werberahmenprogramms nennen.
Der Schüler kann den Wiederholungscharakter der Serien an verschiedenen Indizien belegen. Er kann die unterschiedliche Bedeutung dieser Indizien beurteilen.
Der Schüler kann die Bedeutung von Vor- und Nachspann einer Serienfolge für Einstimmung und Verarbeitung der einzelnen Episoden angeben.
Der Schüler kann die verschiedenen Episodenformen unterscheiden und ist in der Lage, ihre jeweiligen Vor- und Nachteile zu beschreiben.

- Zeitliche Fixierung

Schon bei der Erörterung des Wiederholungscharakters wurde die zeitliche Fixierung der Serien als entscheidendes Kriterium genannt. Nicht nur die Serien des Werberahmenprogramms, um die es in diesem Abschnitt vornehmlich geht, sind auf einen bestimmten Ort im Programm festgelegt. Es ist das Charakteristikum aller serienmäßig produzierten Sendungen des Fernsehprogramms: der Tagesschau ebenso wie der Montagsmagazine bei der ARD oder der Donnerstagsunterhaltung des ZDF, des "Bericht aus Bonn" bei der ARD und der "Bonner Perspektiven" des ZDF. Und wenn nicht die genaue Stunde anzugeben ist, so doch zumindest der Wochentag. Das Programmschema stellt sich dar als ein Gerüst von "Programmkästchen", das weitgehend festgelegt ist und nur noch wenigen Freiraum läßt für aktuelle oder nicht serienmäßige Programmplanung.

Selbst der sogenannte "Weiße Fleck" der ARD am Montagabend, der der aktuellen Berichterstattung über tagespolitische Themen Raum geben soll, kann so als Reihentitel aufgefaßt werden.

So sollten folgende Lernziele erreicht werden:

Der Schüler kann die Bedeutung der zeitlichen Fixierung der Serien beschreiben. Er kann ihre konstituierende Wirkung belegen.
Der Schüler kann die Bedeutung der zeitlichen Fixierung für den Programmaufbau und die Programmplanung überhaupt beschreiben.
Der Schüler kann Beispiele für diese zeitliche Fixierung der meisten Sendeformen geben.

- Aktualisierung

Die Diskussion der letzten Jahre um Wert und Unwert der Serienunterhaltung besonders während des Werberahmens hat dazu geführt, daß die Versuche verstärkt werden, aktuelle Fragestellungen in unterhaltsamer Form den Zuschauern nahezubringen. Darüber wurde schon weiter oben berichtet. Das führt dann dazu, daß in die Stoffe der Serien Probleme eingeflochten werden und innerhalb einer Folge gelöst werden sollen, die auch in der aktuellen Tagessituation eine Rolle spielen.

Ein Beispiel dafür war die ZDF-Serie "Der Anwalt", bei der ein Rechtsanwalt mit seiner Mitarbeiterin im Mittelpunkt des Geschehens steht und mit den verschiedensten Fällen seiner Alltagspraxis konfrontiert wird. Dabei geht es weniger um spektakuläre Fälle, als vielmehr um den Versuch, Bereiche des gesellschaftlichen Lebens vorzustellen, die bislang zumindest nicht im Unterhaltungsprogramm des Fernsehens zu sehen waren. Dem kommt entgegen, daß auch diese Fälle immer einen gewissen "Krimi-Touch" haben, also eine bestimmte Art von Spannung erzeugt werden kann, die die Zuschauer zu fesseln vermag. Darüberhinaus aber können Informationen zu den ausgesuchten Fällen gegeben werden und so Unterhaltung und Information sinnvoll miteinander verknüpft werden.

Hier ist ein Versuch gemacht, mit den Mitteln der Serie - Identifizierungs- und Kompensationsangebot, Wiederholungscharakter, immer gleiche Versatzstücke und ähnliches mehr - den Zuschauer zusätzlich über bestimmte Sachverhalte zu informieren. Dies gibt Hoffnung, daß sich im Laufe der Zeit auch auf dem Gebiet der Serienunterhaltung im Werberahmen eine Wandlung vollzieht, deren Ergebnis dann mehr in solchen Produktionen wie "Der Anwalt" liegen wird.

Die Schüler können somit zu folgenden Lernzielen geführt werden:

Der Schüler kann die Möglichkeiten aktueller Themen für die Serienunterhaltung nennen. Er kann die unterschiedliche Behandlung bestimmter Probleme in der Tagespresse und in den Unterhaltungssendungen beurteilen.
Der Schüler kann die Versuche, Unterhaltung und Information miteinander zu verknüpfen, beurteilen. Er kann dabei auch Erfahrungen mit den Nachrichtensendungen miteinbringen.

- Klischeebildung

Im Zusammenhang mit der Erläuterung der Standardisierung der Serien wurde schon auf verschiedene Klischees hingewiesen, mit denen die Serienmacher arbeiten. Sie sind auf sie angewiesen, weil sie in der Kürze der zur Verfügung stehenden Zeit bestimmte Aussagen so codieren müssen, daß der Zuschauer sie schnell und richtig versteht. Da gibt es bestimmte Typen, die durch Aussehen oder Verhalten als "Bösewichte" angesehen werden, es gibt bestimmte Geräusche wie das Knarren einer Tür oder Pfeifen des Windes, die Spannung erzeugen, Lichtverhältnisse sind ebenso Klischee für ganz bestimmte Grundstimmungen wie der gezielte Einsatz der Musik. Da Klischee aber immer auch Vereinfachung bedeutet, ist es als solches zu deuten und zu analysieren.

Es ist beispielsweise bei den amerikanischen Serienproduktionen zu untersuchen, ob nicht dort verstärkt Farbige die Rolle des Bösen und Unterlegenen spielen - im Aufnehmen eines in Teilen der Bevölkerung vorherrschenden Klischees. Oder ob sie nicht gerade die sind, die als die Guten, Tüchtigen und Toleranten gezeigt werden - im Gegensatz zu dem tatsächlichen Ansehen in der Gesellschaft. [40] Ähnliches wäre bei den in Deutschland produzierten Serien und der Darstellung der Gastarbeiten zu untersuchen.

Die Bildung von Klischees, die geschieht durch ständiges Wiederholen der gleichen Verhaltensweisen bei einer bestimmten Personengruppe oder durch das Aufnehmen von bereits vorherrschenden Klischees der Gesellschaft und daraus folgendem Verstärken, ist ebenfalls ein formales Charakteristikum der Serie. Dieses bildet das redundante Moment dieser Sendungsform und gibt so den jeweiligen innovativen Elementen den nötigen Rückhalt.

Dabei ist darauf hinzuweisen, daß Klischees für die zwischenmensch-

---

[40] vgl. dazu auch die Ausführungen von M.Delling, 1976, S.51-54

liche Kommunikation notwendig sind. Sie bilden als gemeinsamer Vorrat die Basis für jede Kommunikation; allein schon aus zeitsparenden Gründen. Die Gefahr der Klischeebildung entsteht erst dann, wenn verschiedene Klischees zu einem neuen zusammengafügt werden: Etwa "Südländer", "faul" und "schmutzig". Diese drei verschiedenen und nicht zusammenhängenden Klischees bilden ein neues, unzutreffendes und seiner Wirkung nach nicht abschätzbares Klischee. Ähnliche Beobachtungen lassen sich auch im politischen Leben besonders zu Wahlkampfzeiten machen.

Im Unterricht sollten folgende Lernziele erreicht werden:

Der Schüler kann verschiedene Klischees nennen, die in der Gesellschaft vorhanden sind.
Der Schüler kann die Funktion der Klischees nennen.
Der Schüler kann Klischees in den verschiedenen Fernsehssendungen finden und analysieren. Er kann ihre Bedeutung für die Gestaltung bestimmter Sendungstypen beschreiben.
Der Schüler kann das redundante Moment der Klischeebildung beschreiben und ist in der Lage, Möglichkeiten zur Auflösung von Klischees zu entwickeln.

3.23   Audiovisuelle Umsetzung

Die Elemente des dramaturgischen Aufbaus und der formalen Darbietung müssen nun umgesetzt werden, um über das audiovisuelle Medium Fernsehen den Zuschauern angeboten zu werden. Dies wurde im einzelnen teilweise schon ausgeführt. Zudem sei verwiesen auf das zu den Fernsehnachrichten im entsprechenden Abschnitt Ausgeführte; es ist modifiziert übertragbar, besonders was Innovation und Redundanz betrifft.

- Stereotypisierung

Redundanz gilt mehr noch als bei den Fernsehnachrichten bei den Serien des Werberahmens als oberstes Prinzip. Die früher angeführten Faktoren wie Identifikationsangebot und Standardisierung, Wiederholungscharakter und Klischeebildung sind dazu geeignet, einen Redundanzvorrat zu schaffen, auf dem die Macher aufbauen können. Hier gehört nun besonders die Stereotypisierung, wie sie sich in Musik und Dekors der Sendungen ausdrückt, hinein. Die Titelmelodie etwa der Serien über "Die Leute von der Shiloh-Ranch" oder "Bonanza" gilt als Erkennungsmelodie, ähnlich den fanfarengleichen Klängen zu Beginn der Nachrichtensendungen. Andere Serien haben ähnliche "Erkennungsmelodien". [41]

Durch diese Einstimmung wird dem Zuschauer der Eindruck vermittelt, ihm begegne nun etwas schon Bekanntes. Vor diesem Hintergrund können dann die als Krise oder andere regelwidrigen Vorfälle auftauchenden Probleme entwickelt und gelöst werden. Diese Gewißheit der sicheren Lösung der Probleme zu Serienende bildet ein weiteres redundantes Element, das zudem die erzeugte Spannung abbauen und somit - wie schon ausgeführt - zu einer besseren Rezeption der folgenden Werbesendungen beitragen kann.

Neben den immergleichen Darstellern, die nur durch die in der Serie neue Konflikte schaffende Darsteller ergänzt werden, bildet auch das immer gleiche Dekor ein redundantes Moment. Es handelt sich

---
[41] vgl. dazu ebenfalls die Untersuchung von J.Borchardt u.a., 1974, in der innerhalb der Vorspannuntersuchung auch der Einsatz der Musik untersucht wird.

dabei meist um die Umgebung der gehobenen Mittelschicht, in der es eine - innerhalb der Serie weitgehend intakte - Familie zu einem gewissen Wohlstand gebracht hat. Innerhalb der dadurch vorgegebenen Räumlichkeiten und Landschaften sowie der sich an diesen Orten aufhaltenden und handelnden Personen wird dem Zuschauer immer wieder die heile Welt der Mittelschicht vorgeführt, die nur durch kleinere Zwischenfälle gestört wird, die aber bis zum Ende einer jeden Serienfolge beseitigt sind.

Dies ist im übrigen auch das Bild, das die Werbung dem Zuschauer vermittelt: junge, glückliche Familie, die mit Konflikten durch vermehrten Konsum fertig wird: Konsum vermittelt Glück und Zufriedenheit. Auch hier sind dem äußeren Anschein nach - und dieser Anschein ist schon wieder stereotyp und insofern redundant - Mittelschichtangehörige, die den Zuschauern, die zum allergrößten Teil dieser Schicht weder dem sozialen Status noch nach ihrem Sprachvermögen angehören, zu größerem Konsum anleiten sollen. Nach dem Motto: ausreichender Konsum gewährt den sozialen Aufstieg.

Werbung wird so mystifiziert, weil sie sich nicht auf die Sachinformation beschränkt, sondern die Waren überhöht und verspricht, ihr Genuß vermittle ein Gefühl von Freiheit, Glück oder Anerkennung. Diese Mystifizierung der Werbung wird von den Serien aufgegriffen. Das muß nicht unbedingt soweit gehen, daß man schon den Einfluß einer Antirauchkampagne darin sieht, daß in einem Kreis statt Zigaretten Bonbons herumgereicht werden.

Dennoch sollte nicht übersehen werden, wie von der Werbung entwickeltes stereotypes Verhalten und Aussehen der handelnden Personen übertragen wird auf Formen und Inhalte der Serienunterhaltung. Bevor wir aber näher darauf eingehen, auf diese Funktionalisierung der Serien im Werberahmenprogramm, sollen die Lernziele genannt werden, die im Rahmen dieses Abschnitts zu erreichen sind:

Der Schüler kann die Notwendigkeit der audiovisuellen Umsetzung der inhaltlichen und formalen Strukturelemente in der Serienunterhaltung beschreiben.
Der Schüler kann die vorherrschende Bedeutung der Redundanz für die inhaltliche und formale Gestaltung der Serien benennen.
Der Schüler kann Merkmale dieser Stereotypisierung wie Musik und Dekors, aber auch Verhaltensweisen und Anschauungen nennen.
Der Schüler kann die Tatsache des vorherrschenden mittelständischen Milieus in Beziehung setzen zu den Verhältnissen der Zuschauer. Er vermag dabei besonders Sprache und soziales Ansehen zu berücksichtigen.[42]
Der Schüler kann den Wert des Konsums für das persönliche Leben in Beziehung setzen zu dem Konsum der Seriendarsteller und der Bedeutung für die Konfliktlösung.

- Funktionalisierung

In vielfacher Hinsicht besteht eine Abhängigkeit zwischen Programm

---

[42] Es mag hier Schwierigkeiten geben, da auch die Mitglieder einer Sekundarstufe II vornehmlich aus Mittelschichtkreisen kommen. Die Untersuchung kann aber insofern erweitert werden, als nach der Zuschauerrelevanz etwa der Nennung der Devisenbörse oder der Aktienkurse gefragt werden kann. Hier gibt es auch eine Meldung für Eliten ohne Bedeutung für einen größeren Zuschauerkreis.
Es wäre auch zu fragen nach der persönlichen Bedeutung von Konfliktlösungsmodellen, da sie von Mittelschichtangehörigen Zuschauern angeboten werden, die gleichen Schicht angehören. Vielleicht könnte auf diese Weise noch am ehesten der Wert der angebotenen Lösungsmöglichkeiten ermessen werden. Hier wäre der Transfer nämlich ohne große Reibungsverluste möglich.

und Werbung: die Fernsehanstalten sind auf die Werbeeinnahmen angewiesen, entweder unmittelbar wie beim ZDF oder mittelbar über die Werbetöchter der ARD-Anstalten. Die Überschüsse aus dem Werbegeschäft finanzieren so Programmteile, die nicht durch das Gebührenaufkommen abgedeckt werden können. Diese Programmteile sind nicht eindeutig zu identifizieren, weil es keine zweckgebundene Finanzierung gibt; dennoch besteht die Notwendigkeit, bei den Werbeprogrammen möglichst hohe Gewinne herauszuwirtschaften, um das bestehende Programmangebot halten zu können.

Zu dieser ersten - fianziellen - Abhängigkeit kommt eine zweite, die von den Einschaltquoten. Da sich die Preise für die Werbezeit nach der Zahl der eingeschalteten Geräte richten, ist den Anstalten daran gelegen, durch ein möglichst breit gefächertes Angebot eine möglichst hohe Zuschauerzahl zumindest zum Einschalten ihres Gerätes zu bewegen. Da dies um so eher geschieht, als eine Unterhaltung sich über einen längeren Zeitraum erstreckt, bietet sich die Serie an, die den Zuschauer zu immer neuen Folgen vor den Bildschirm lockt.

Eine formale Abhängigkeit kommt hinzu: die Werbespots werden zum großen Teil mit einer Perfektion hergestellt, die in ihrer Intention, möglichst viel beim Zuschauer zu erreichen, begründet ist. Hinzu kommt, daß sie länger geplant werden können und öfters wiederholt werden. Das führt zu einem stark durchdachten und immer wieder erprobten Konzept, das ja in möglichst kurzer Zeit eine möglichst große Wirkung zeigen soll. Das führt zu einer verstärkten Klischeebildung und Vereinfachung, ganz in dem Sinne, wie es oben für die

Serie beschrieben wurde. Das hat aber nun zwei Folgen: zum einen fallen die Serien gegenüber diesen perfekt gemachten Werbespots rein handwerklich und formal gesehen ab. Die vielen Faktoren wie Text und Farbe, Darsteller und Musik sind in einer Weise aufeinander abgestimmt, die größtmögliche Wirkung gewährleistet. Dies können die Serien aus Zeit-, Geld- und Personalmangel nicht leisten. Gerade das aber bewirkt den Versuch, dennoch gleichzuziehen und in den Serienfolgen schon Milieu und Atmosphäre der Werbespots nachzuvollziehen.

Nicht die Werbung bildet das Umfeld für die Serien, sondern genau umgekehrt. Diese Funktionalisierung der Serien soll etwas näher erläutert werden.

Das bedeutet vom Standpunkt der werbungtreibenden Industrie, daß die Serienfolgen, die das Werbeprogramm umgeben, diese Werbung nicht kritisieren oder ihr widersprechen dürfen. Sie sollen dieses Programm - so es ein Programm ist - möglichst mittelbar und unmittelbar unterstützen. (s. K.Hickethier, 1976, S.176)

Nun steht die Entwicklung wirklichkeitsnäherer Serien nicht unbedingt im Widerspruch zu der Machart der Werbespots, die sich den inzwischen veränderten Bedingungen angepaßt hat, wie K.Hickethier zutreffend beobachtet. (1976, S.180f) "Um 'aktuell' zu beliben, ist es deshalb auch im Bereich der Werberahmenserien notwendig, Probleme aus dem Alltag der Zuschauer aufzugreifen und sie zumindest hin und wieder ... zu thematisieren. Die Frage ist, wieweit hier in diesen sozialkritischen Serien nur oberflächlich soziale Versatzstücke auftauchen oder wieweit in ihnen tatsächlich Unterhaltung mit Elementen von Aufklärung verbunden werden." (K.Hickethier, 1976, S.181)

Am deutlichsten wird diese Verbindung zwischen Werbung und Serienfolge bei der Beobachtung des Schlusses. [43] Beim Werbespot wird eine Krise durch einen bestimmten Konsumartikel gelöst, die Wäsche wird rein, die Schmerzen vergehen, der gesunde Schlaf ist wieder da. Exposition, Konflikt, Lösung: dies ist das Muster der Werbespots, das gleiche wird bei der Konzipierung der meisten Serienfolgen angewandt. Die glückliche Wendung am Schluß, das happy end, die Lösung aller Konflikte tritt in jedem Fall ein.

Durch dieses Nebeneinander erfüllt sich die Umfeldfunktion optimal, "besser als wenn immer explizit Beziehungen geknüpft werden. Allein schon durch das Nebeneinander von konsumfreudiger, ereignis- und erlebnisreicher Unterhaltungsszenerie der Serie und zugespitzter, präzisierter Kaufaufforderung in den Werbespots wird die Werbefunktion des Programms erfüllt." (K.Hickethier, 1976, S.2o8) Dies läßt sich weitergehend noch deutlicher zeigen, greift man die Darstellungsweise bestimmter Bereiche des täglichen Lebens heraus und vergleicht sie miteinander: etwa den Bereich der Arbeitswelt oder die Hausarbeit der Frau.

Zwei Bereiche, an denen alles bisher zu Fernsehnachrichten und Serienprogrammen Gesagte exemplifiziert werden kann. Dies wird in Um-

---

[43] vgl. dazu auch K.Hickethier, 1976, S.2o4f

rissen später noch geschehen. Für hier kann aber festgehalten werden, daß eigentlich alle Elemente des dramaturgischen und formalen Aufbaus sowie der audiovisuellen Umsetzung dieser Elemente in Sendungsform vor allem dem einen Ziel zu dienen haben, der Werbung ein möglichst fruchtbares Feld zu verschaffen. Die sogenannten realitätsnäheren Serien der jüngsten Zeit haben dabei zunächst noch eine Alibifunktion. Es wird langfristig sich zeigen, ob sie tatsächlich eine Wende zum anspruchsvolleren und zuschauergerechten Programm bringen können.

Für diesen Abschnitt sind folgende Lernziele zu formulieren:

Der Schüler kann die unterschiedlichen Abhängigkeiten zwischen werbungtreibender Industrie und den Sendeanstalten beschreiben und bewerten.
Der Schüler kann die gegenseitige Bedingtheit des Umfeldes und der Serienfolgen beschreiben und werten.
Der Schüler kann den gleichen Aufbau von Serien und Werbespots kennzeichnen.
Der Schüler kann zeigen, wie dramaturgischer Aufbau und formale Darbietung in der audiovisuellen Umsetzung für die Werbung funktionalisiert werden.

3.24 Zusammenfassende Überlegungen

Ebenso wie bei den modellartigen Überlegungen zu den Nachrichtensendungen sollen hier die verschiedenen Gesichtspunkte der Serienunterhaltung innerhalb des Werberahmens noch einmal zusammengefaßt werden.

Die Serien des Werberahmens sind in dreifacher Hinsicht zu untersuchen: auf die Merkmale des dramaturgischen Aufbaus, ihrer formalen

Darbietung und der audiovisuellen Umsetzung der zu diesen beiden Gesichtspunkten zu zählenden Komponenten. Auch hier ist wichtig, die stets wiederkehrenden Elemente so zu isolieren, daß hinter den konkreten Verwirklichungen der gemeinsame Nenner sichtbar wird. Dies geschieht bei den Serien zunächst durch die Herausarbeitung der Identifikationsangebote, der Standardisierung bestimmter Elemente, der Ideologisierung und damit Entpolitisierung des Zuschauers sowie schließlich der Möglichkeit für den Zuschauer, Frustrationen seines Alltags zu kompensieren. Dies setzt sich fort bei der formalen Darbietung dieser inhaltlichen Strukturelemente, wenn der Wiederholungscharakter aufgezeigt wird, die Klischeebildung, die zeitliche Fixierung und die Aktualisierung innerhalb der Serien und der Serien innerhalb des Programms. Bei der audiovisuellen Umsetzung wird hier verstärkt Wert darauf gelegt, dem Schüler zu zeigen, wie Stereotypisierung von Handlung und Verhalten sowie Funktionalisierung der Serien für das sie umgebende Umfeld von entscheidender Bedeutung sind. Das Schema auf der folgenden Seite soll dies auch grafisch zusammenfassen und verdeutlichen.

Durch diese Grafik sollen noch einmal die verschiedenen Abhängigkeiten der unterschiedlichen Faktoren deutlich werden. Mehr noch als bei den Fernsehnachrichten ist hier von einer gegenseitigen Bedingtheit zu sprechen, die sich in den verschiedenen Bereichen bemerkbar macht. So sind Standardisierung im dramaturgischen, Klischeebildung im formalen Bereich nicht so eindeutig von der Stereotypisierung im audiovisuellen Bereich und überhaupt voneinander zu trennen, wie es hier der Anschaulichkeit wegen geschieht.

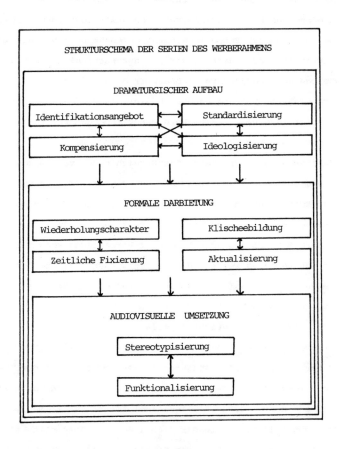

Ähnliche Verwandtschaft läßt sich feststellen zwischen Ideologisierung und Funktionalisierung, beides Intentionen - bewußt oder unbewußt -, zur Entpolitisierung der Zuschauer beizutragen. Es lassen sich also nicht immer die unterschiedlichen Absichten und Zwänge so eindeutig voneinander trennen, wie es hier durchweg geschehen ist. Dennoch kann auch hier mit Hilfe des Strukturschemas gezeigt werden, wie sich Fernsehbeiträge aufarbeiten lassen.

Darüber hinaus wäre dann, bei Erreichen der verschiedenen Lernziele zu fragen, inwieweit das so erworbene Wissen umgesetzt werden kann in eigenes Verhalten nicht nur dem Fernsehen und seinem Angebot gegenüber, sondern auch im zwischenmenschlichen Miteinander. Es darf also nicht bei der Vermittlung kognitiver Fähigkeiten verweilt werden; diese rein wissensmäßigen Elemente sollten lediglich die Basis bilden für Verhalten und Meinung.

3.3 Skizzen weiterer Beispiele

Unter anderen Gesichtspunkten sollen im folgenden drei verschiedene Bereiche skizzenartig vorgestellt werden, die zusätzlich die Verwendungsmöglichkeit allgemeiner Fernsehprogramme im Unterricht belegen sollen. Es handelt sich in diesem Abschnitt um die Beobachtung der Darstellung der Arbeitswelt im Fernsehen, um die Stellung der Frau in den Sendungen dieses Mediums und schließlich um die Untersuchung der Möglichkeiten, Fernsehsendungen für die Friedenserziehung fruchtbar zu machen, insbesondere, um die Unterscheidung zwischen struktureller und personaler Gewalt zu verdeutlichen.

In diesen Abschnitten wird zwar auf das bewährte Strukturschema zurückgegriffen, allerdings wird diesmal in anderer Reihenfolge vorgegangen. Das bedeutet, diesmal bildet die audiovisuelle Umsetzung den Ausgangspunkt. Aus dem durch Sendungen Vorgegebenen wird gefragt nach den möglichen Hintergründen, die sich auf dramaturgischen Aufbau und formale Darbietung zurückführen lassen. Im übrigen wird bei diesen Skizzen auf die Formulierung von Lernzielen verzichtet.

Am konkreten Beispiel gefragt heißt das, daß untersucht werden soll, wie sich etwa Arbeitswelt innerhalb beliebiger Sendungen darstellt. Dabei sollen Kriterien formuliert werden, nach denen Sendungen beobachtet und später untersucht werden können. Insofern können hier auch zunächst keine Lernziele formuliert werden, es kann aber auf die bereits genannten in den vorangegangenen Abschnitten hingewiesen werden, die modifiziert auch hier eine Rolle spielen können. Oder anders ausgedrückt, das in den vergangenen Abschnitten zu Lernende wird hier vorausgesetzt.

- Arbeitswelt im Fernsehen

Eine grundsätzliche Bemerkung ist zu Beginn gerade dieses Abschnittes zu machen: die Vertretung der Arbeitnehmer in den Kontrollgremien der Fernsehanstalten ist unangemessen. Gleich nach welchem Modell diese Gremien zusammengesetzt sind, ob nach parlamentarischem Muster wie in den norddeutschen Sendern, oder nach ständischem Muster wie in den süddeutschen Anstalten oder nach der Mischform dieser Modelle beim ZDF, immer sind die Arbeitnehmervertreter in einer Zahl vertreten, die eine wirkungsvolle Interessenvertretung nicht zuläßt und die quantitativ unzureichend ist.

Wenn Gewerkschaftsvertreter gleichgewichtig wie die Vertreter des Familienverbandes und der israelischen Kultusgemeinde, wie der Heimatvertriebenenverband und der Bayerische Heimattag im Bayerischen Rundfunkrat vertreten sind, dann wird damit die Unterrepräsentation eines Großteils der Bevölkerung und damit auch der Fernsehzuschauer deutlich. [44] Ohne diesen Sachverhalt hier weiter auszuführen, sollte er doch im Hintergrund einer jeden Analyse der Darstellung der Arbeitswelt im Fernsehen gegenwärtig sein, ohne deshalb als alleinige Begründung für bestimmte Tatbestände ausreichen zu können.

Es empfiehlt sich, vor Beginn einer Beobachtung, die sich über mehrere Typen unterschiedlicher Sendungsformen erstrecken sollte, eine Liste der zu berücksichtigenden Kriterien und Gesichtspunkte zu erstellen. [45] Von vornherein ausgeschlossen werden muß jener Bereich der Arbeitswelt, der die Arbeitswelt der künstlerischen, redaktionellen und technischen Mitarbeiter ist. Dies wird zwar den Zuschauern gezeigt, aber es wird nicht bewußt, daß es für den Schauspieler auch Arbeit ist, wenn er eine Freizeitbeschäftigung darstellt. (s. H.-F.Foltin/G.Würzberg, 1975, S.19) Vielmehr sollte darauf geachtet

---
44 vgl. dazu auch die Aufstellung bei H.Holzer, 1975, S.96ff
45 im folgenden wird die entsprechende Liste von H.-F.Foltin und G.Würzberg, 1975, S.23ff zu Hilfe genommen, ohne daß weiter auf sie verwiesen wird.

werden, welchen Rang die Arbeitswelt, also der Bereich menschlichen Lebens, der der Produktion dient und nicht der Regeneration und Freizeit angehört, innerhalb einer Sendung einnimmt, ob sie dominierend im Vordergrund steht, vorhanden, aber nicht dominierend, oder nicht erkennbar ist.

- Die verschiedenen Bereiche der Arbeitswelt sollten unterschieden werden in Land- und Forstwirtschaft, Fischerei, in Industrie, in Dienstleistung und Handel, auch Wissenschaft und Forschung ist aufzunehmen.
- Das Beschäftigungsverhältnis der gezeigten Personen ist, soweit ersichtlich, zu vermerken: Arbeiter, Angestellte, Selbständige, Beamte, Auszubildende, Rentner.

Diese rein formalen Beobachtungen sind zu ergänzen durch die mehr inhaltlichen Komponenten, die allerdings an die Persönlichkeitsstruktur des Beobachter eine größere Anforderung stellt, weil es hier vielfach auf Interpretationsmöglichkeiten und -entscheidungen ankommt.

- So ist festzuhalten, welche Aspekte der Arbeitswelt vornehmlich behandelt werden, etwa Arbeits- und Produktionstechniken, arbeitsrechtliche Probleme, arbeitsmedizinische Fragen, Einkommensfragen, Arbeitslosigkeit, Gewerkschaften, Unternehmer, Arbeitskampf, Qualifikations- und Ausbildungsfragen, Arbeit als gesamtgesellschaftlicher Faktor und die politischen Aktivitäten der Arbeitenden.
- Dazu gehört auch die Beobachtung der Darstellungsweise dieser Aspekte, ob Probleme und Konflikte überwiegend harmonisch, individuell oder kollektiv bedingt vermittelt werden.

Bei einer solchen Art der Programmbeobachtung lassen sich wiederkehrende Motive feststellen, Klischees, Standardisierungen und Vereinfachungen, wie sie auch schon in den früher analysierten Fernsehsendungen zu beobachten waren. Mit Hilfe dieser empirisch, wenn auch nicht repräsentativ, gewonnenen Fakten lassen sich dann weitere Überlegungen anstellen in Richtung auf die möglichen Ursachen solcher Sendungsinhalte. Im Vergleich mit den Lösungsvorschlägen, die innerhalb dieses Bereiches im Fernsehen angeboten werden, und den tatsächlichen Verhältnissen und Möglichkeiten wird sich die Realitätsnähe oder -ferne dieser Lösungen erweisen.

Ebenso lassen sich andere Bereiche beobachten und analysieren: Freizeit oder Sport, aber auch Kirche oder Krankheit, Liebe oder Streit. Immer muß es darauf ankommen, Gemeinsamkeiten zu finden, und der Versuch gemacht werden, diese Gemeinsamkeiten so zu interpretieren, daß die dahinterstehenden Intentionen deutlich werden. Allerdings sollte man sich nicht mit reiner Spekulation begnügen, sondern vielmehr den Versuch unternehmen, die gewonnenen Interpretationen auch zu belegen und an anderen Beispielen erneut zu überprüfen.

- Frauen und Frauenfragen im Fernsehen

Während im vorigen Beispiel der Versuch unternommen wurde, die Darstellung eines bestimmten Lebensbereiches im Fernsehen und durch das Fernsehen als mögliche Untersuchungsform zu skizzieren, soll es hier um die Darstellung von Personen und Personengruppen und sie betreffender Fragen gehen.

Wenn das Beispiel beschränkt bleibt auf die Darstellung der Frau und für sie relevanter Fragen, dann aus verschiedenen Gründen: Zum einen liegt inzwischen eine erste umfangreiche Studie vor, in der

repräsentativ "Die Darstellung der Frau und die Behandlung von
Frauenfragen in der medienspezifischen Wirklichkeit des Deutschen
Fernsehens und des Zweiten Deutschen Fernsehens" untersucht und
analysiert wird. [46] Sie kann als Kontrolluntersuchung und Hintergrundlieferant dienen. Der andere Grund liegt darin, daß Frauen
immer noch wie eine Minderheit behandelt werden, obwohl sie
quantitativ eine Mehrheit bilden. In vielen Bereichen kommt ihnen
nicht die Anerkennung zu, die sie aufgrund ihrer Leistung verdienen. Am Beispiel der Behandlung der Frau im öffentlichen wie im
privaten Leben lassen sich die verschiedensten Entwicklungen, Abhängigkeiten und Mechanismen innerhalb unserer Gesellschaft und
ihrer Institutionen nachweisen. Da das Fernsehen in aller Regel
bestehende gesellschaftliche Verhältnisse reproduziert, meist auch
nicht kritisch hinterfragt, liefert es Anschauungsmaterial und
macht so die zu kritisierenden Verhältnisse überdeutlich.

Im Grunde geht es aber um den Versuch, gesellschaftliche Gruppen
und ihre Darstellung im Fernsehen ihren tatsächlichen Bedingungen
und Gegebenheiten gegenüberzustellen. So wären in der gleichen
Weise und mit ähnlichen Fragestellungen Untersuchungen über ausländische Arbeitnehmer in der Bundesrepublik und Jugendliche sowie
alte Menschen und Behinderte anzustellen. Immer wäre zu fragen
nach der Relevanz der Darstellung im Fernsehen für die Dargestellten einerseits und für die übrigen Zuschauer andererseits. Da die

---

[46] Unter Leitung von E.Küchenhoff untersuchte ein Team sechs Wochen lang die Programme der deutschen Sendeanstalten. Die Untersuchung wird vom Bundesministerium für Jugend, Familie und Gesundheit herausgegeben. (BMJFG, 1975)

Fernsehanstalten den Programmauftrag haben, die gesellschaftliche Wirklichkeit der Bundesrepublik getreu den Kräfteverhältnissen darzustellen, ist eine solche Untersuchung gleichzeitig eine legitime und notwendige Kontrolle der Sendeanstalten durch Zuschauer.

Wenn hier die Darstellung der Frau in den Fernsehprogrammen als Unterrichtsreihe vorgeschlagen wird, dann auch aus dem Grund, weil hier ein Untersuchungsgegenstand gegeben ist, der in fast jeder Sendung vorkommt. In irgendeiner Rolle finden sich Frauen in jeder Fernsehsendung wieder. Insofern ist keine besondere Auswahl zu treffen. Als Basis können Sendungen einer Woche dienen.

Die BMJFG-Studie kann zudem als Leitmotiv gelten für eigene Untersuchungen, da sich deren Ergebnisse leicht nachvollziehen lassen, ohne den eigenen Untersuchungen auch repräsentativen Wert zu verleihen. Deshalb wird hier auch darauf verzichtet, die Situation der Frau in der Bundesrepublik näher zu beschreiben und zu analysieren. Es wird auf die Literatur in der zitierten Untersuchung verwiesen und die dort vorgenommene Interpretation.

Bei der nun zu skizzierenden Untersuchungsmethode soll es um drei Fragekomplexe gehen: die Darstellung der Frau als Persönlichkeit, die Darstellung ihrer Umwelt und die Funktion der Frau in dieser sowie schließlich um die Frage nach den Bereichen, die für Frauen eine besondere Relevanz haben können.

- Zunächst ist zu untersuchen, mit welchen Rollenstereotypen weibliche Darstellerinnen in Haupt- und Nebenrollen ausgestattet

werden. So ist zu fragen nach dem Aussehen der Frauen; ob das
Fernsehen das gängige Schönheitsideal der Frau, wie es von Werbung, Illustrierten und Frauenzeitschriften propagiert wird,
unreflektiert nachvollzieht oder den Versuch unternimmt, dieses
kritisch zu hinterfragen.

- Es ist zu fragen nach den Typen, die Frauen zu vertreten haben
  und nach deren Vorhandensein in der Gesellschaft. Auch hier ist
  der Vergleich anzustellen zwischen Klischees bei Werbung und
  Illustrierten, der Darstellung des Fernsehens und den tatsächlichen gesellschaftlichen Verhältnissen.

- Eine weitere Frage stellt sich nach der Verteilung der Hauptund Nebenrollen. Wann dürfen Frauen die Hauptrolle spielen, welche Rolle übernimmt dann der Mann? Wo kommen sie nicht über Nebenrollen hinaus? Sind Haupt- und Nebenrollen in Relation zu
  setzen mit Aktivität und Passivität? Worauf richtet sich dann
  Aktivität, sind es "Frauenbereiche", die als typisch gelten wie
  Medizin, Kinder und Soziales Handeln? Wo herrscht Passivität
  vor? Sind es hier Bereiche, die als "männliches Herrschaftsgebiet" gelten wie Politik oder Sport?

- Und schließlich, bildet Fernsehen tatsächliche Verhältnisse ab
  und stabilisiert sie dadurch, oder versucht es, Rollenerwartung
  und Klischeebildung in diesem Bereich aufzubrechen oder zumindest kritisch zu hinterfragen? Der Schüler wird seine Beobachtungen im Fernsehen mit den Erfahrungen seines eigenen Lebensbereiches - Familien-, Verwandten- und Bekanntenkreis - vergleichen und so zu Ergebnissen kommen, die als Forderungen an das
  Fernsehen formuliert werden können.

In einem weiteren Komplex geht es um die Umweltbedingungen, unter
denen Frauen im Fernsehen handeln und sich verhalten. Diese Umwelt
wird zunächst geprägt durch Familie oder Freunde. Hat sie keinen
Beruf, so ist sie Hausfrau; oft leidet sie unter Doppelbelastung.
Sie zeigt damit, daß sie - zumindest in der Fernsehhandlung - jederzeit und an jedem Ort ihre Aufgabe erfüllen kann.

- Es wäre zu fragen nach ihrem Familienstand und ihrem Alter. Auf
  Grund des eigenen Berufes und/oder dem des Partners sollte ihre
  Schichtzugehörigkeit beschrieben werden. Da das Ergebnis eine eindeutige Mittelschichtzugehörigkeit erwarten läßt, bleibt nach der
  möglichen Relevanz bestimmter Fernsehdarstellungen für große Teile der Zuschauerschaft zu fragen, die nicht dieser Schicht angehören. Denn wenn Lösungen der Fernsehkonflikte, Glücksempfinden

oder schon Zeit- und Geldverfügung nicht nachvollziehbar sind,
wird die eigene Unzulänglichkeit für Angehörige der Unterschicht
um so bewußter und der Fernsehkonsum um so frustrierender.

- Eine weitere Frage hat den Handlungsgefügen zu gelten. Hier ist
  zu fragen nach thematischen Kontexten, innerhalb deren Frauen in
  Spielhandlungen aber auch in Dokumentationen auftreten. Es stellt
  sich die Frage nach einer Parallelität beziehungsweise Nichtparallelität von Fernsehhandlung und gesellschaftlichem Leben, individuell oder sozial gesehen.

- In diesen Fragekomplex gehört auch die Frage nach den ausgeübten
  Berufen der darstellenden oder dargestellten Frauen. Wie weit gelingt es ihnen, auch Berufe auszuüben, die bislang Männern vorbehalten blieben? Können sie solche "Männerberufe" glaubhaft ausfüllen? Gelingt ihnen das innerhalb einer Sendung auch in leitender Funktion oder bleiben sie auf untergeordnete Stellungen
  beschränkt? Welche Rolle spielt die "Hausfrauentätigkeit"? Werden solche Tätigkeiten auch von Männern ausgeübt? Werden sie als
  Hauptberuf dargestellt oder als Nebenbeschäftigung abgewertet?
  Gibt es Hausfrauentätigkeit in Verbindung mit der Darstellung
  einer Hauptrolle?

Ein letzter Fragekomplex dient der Darstellung von Frauenfragen im
Fernsehen. Darunter sind die Bereiche zu verstehen, die eine besondere soziale Relevanz für die Frauen haben.

- Darunter sind Bereiche zu verstehen, die entweder besonders für
  Frauen von Bedeutung sind wie etwa Schwangerschaft; zum anderen
  aber auch Gesichtspunkte, die Bereichen der "Männerwelt" auch für
  Frauen relevante Fragestellungen zumessen.
- Da ist einmal darauf zu achten, inwieweit solche Fragen in den
  aktuellen Nachrichtensendungen berücksichtigt werden. Welche
  Rolle sie in den Hintergrundmaterial liefernden politischen Magazinen spielen? Ob solche Fragen in den Unterhaltungssendungen
  behandelt werden?

Es kommt auch hier darauf an, möglichst immer wiederkehrende Motive
zu finden, die erst in ihrer Gesamtheit analysiert und interpretier
werden können. Dabei wird sicherlich auch auf Grundlagen und Kenntnisse zurückgegriffen werden können, wie sie bei den anderen Bei-

spielen erarbeitet worden sind. Wichtig ist, daß nicht nur Tatbestände aufgenommen werden, sondern daß gefragt wird nach den Ursachen und Hintergründen dieser Tatbestände.

- Friedenserziehung und Fernsehen

In einem letzten Beispiel soll eine weitere Einsatzmöglichkeit allgemeiner Fernsehsendungen im Unterricht skizziert werden. Schule wurde bisher verstanden als Erziehung zu Kommunikation. Kommunikation wurde gesehen als die menschliche Verhaltensweise, die im Miteinander mit Anderen zur eigenen und fremden Selbstverwirklichung und Selbstbestimmung führen kann. Emanzipation ist so nicht nur Ziel, sondern im Grunde auch gleichzeitig Voraussetzung einer Erziehung zu Kommunikation, weil kommunikatives Interagieren immer auch Emanzipieren von vorgegebenen Rollenmustern und -erwartungen ist.

Trifft dies aber zu, dann ist eine Erziehung zu Kommunikation gleichzeitig auch immer eine Erziehung zum Frieden. Denn der herrschaftsfreie Diskurs ermöglicht immer auch die kommunikative Lösung von Problemen und Konflikten. Dies einzuüben aber sollte auch Aufgabe der Schule sein. Sie sollte den Schüler in die Lage versetzen, Konflikte und Probleme als Kommunikationsstörungen zu verstehen und insofern auch durch Kommunikation - gleich welcher Art - zu beheben trachten.

In diesem Fall aber muß der früher sehr allgemein definierte Begriff der Kommunikation oder des kommunikativen Verhaltens enger gefaßt werden; er ist aber hier auf gewaltverneinende Kommunikation zu beschränken. Denn auch das Abgeben eines Gewehrschusses oder das Erteilen einer Ohrfeige ist kommunikatives Verhalten einer ganz bestimmten Qualität. Kommunikation wird hier verstanden als gewaltloses Verhalten. Daß auch diese Definition mißverständlich sein kann, weil überlegenes kommunikatives Interagieren von Beteiligten oder Betroffenen als Gewalt, im Sinne von Entfaltungsmöglichkeiten einschränkend, aufgefaßt und verstanden werden kann, soll hier erwähnt, aber nicht weiter diskutiert werden.

Überhaupt kann es nun nicht darum gehen, die sehr umfangreiche Literatur über Erziehung zum Frieden zu referieren und aufzuarbeiten. Es soll lediglich der Versuch gemacht werden, in einem weiteren Feld die Einsatzmöglichkeit von Sendungen des allgemeinen Programms anzudeuten.

Erziehung zum Frieden muß sich ohne Zweifel auch mit dem Begriff und den Erscheinungsformen der Gewalt auseinandersetzen. Wenn Friede definiert wird als der Zustand der Abwesenheit von Gewalt [47], so ist Gewalt zu verstehen als ein Zustand der Abwesenheit von Friede. Beide "Zustände" sind ideal nicht zu erreichen, ihre jeweiligen Erscheinungsformen sind auch nicht statisch, sondern dynamisch.

Über Erklärungsmöglichkeiten von Gewalt und gewaltsamem Verhalten wurde schon früher gesprochen. Hier soll darauf nicht weiter eingegangen werden, sondern der Blick auf Gesichtspunkte gerichtet wer-

---
47 vgl. J.Galtung, 1975, S.8

den, die für eine Fernsehkunde von besonderer Bedeutung sein können. J.Galtung (1975) unterscheidet unter anderem zwischen struktureller und personaler Gewalt. (S.12) Diese Unterscheidung ist auch in unserem Zusammenhang hilfreich, weil gerade das Fernsehen anschauliche Beispiele liefern kann, die nicht so sehr im Charakter der gefilmten Objekte liegen, als vielmehr im Charakter des Mediums.

Denn Fernsehen ist in der Lage, personale Gewalt abzubilden. Etwa der Einsatz der Polizei bei einer Demonstration, bei der das Bild der Gewaltanwendung der Polizei und/oder der der Demonstranten vermittelt werden kann. Die dahinter stehende strukturelle Gewalt der Polizei als Ordnungsmacht oder der Demonstranten als politische Gruppierung oder Partei, ist nicht abbildbar, aber zweifelsohne vorhanden. Diese strukturelle Gewalt kann das Fernsehen nicht abbilden, wenn überhaupt nur verfremdet und mittelbar, etwa durch künstlerische Tricks wie Aufnahmewinkel oder Beleuchtungseffekte. Dies aber setzt wiederum bestimmte Assoziationsfähigkeiten beim Zuschauer voraus, damit er die gesendete Botschaft auch decodieren und verstehen kann.

J.Galtung zitiert als Beispiel auch die Unterscheidung von St.Carmichael, die das Gemeinte weiter verdeutlicht: Es geht bei diesem um die Unterscheidung zwischen individuellem und institutionellem Rassismus. "Der erste Typ besteht aus von Individuen offen begangenen Taten mit dem gewöhnlich unmittelbaren Resultat des Todes von Opfern oder der gewaltsamen Zerstörung von Eigentum.Dieser Typ kann

von Fernsehkameras festgehalten und häufig während der direkten Aktion beobachtet werden. Der zweite Typ ist weniger offen, bei weitem subtiler, individuelle Täter sind schwerer auszumachen; dabei ist er im Hinblick auf das menschliche Leben um nichts weniger zerstörerisch. Der zweite Typ ist mehr die Gesamtaktivität der etablierten und respektierten Kräfte der Gesellschaft und wird deshalb auch nicht so sehr verdammt wie der erste Typ."
(J.Galtung, 1975, Anm.13, S.139)

Gerade dies aber kann im Fernsehen tagtäglich, besonders in den Nachrichten, beobachtet werden. Der Einsatz personaler Gewalt wird entweder gerechtfertigt durch dahinter stehende strukturelle Gewalt, wie bei den Ordnungskräften, oder verurteilt, weil sie geltenden Normen widerspricht und deshalb diskriminiert wird. In diesem Fall bietet das Fernsehen Anschauungsmaterial.

Es muß aber, und dies ist entscheidend, weitergefragt werden nach den Ursachen solcher Tatbestände. Denn sie liegen weniger in diesen Umständen als vielmehr in der Beschaffenheit des Mediums Fernsehen begründet. Fernsehen als Institution und öffentlich-rechtlich organisierte Anstalt bildet lediglich Zustände ab - zumindest nach den Beobachtungen, die bislang angestellt werden konnten. Es reagiert auf Ereignisse, es kann nicht selber agieren. Deshalb ist es in großem Maße angewiesen auf das, was ist, und oft unvorbereitet für das, was kommt oder sich entwickelt. Dies gilt zumindest für die aktuelle Berichterstattung.

Dadurch aber, daß es immer wieder den Status quo abbildet ohne selber dynamisch fortentwickelnd handeln zu können oder zu wollen, dadurch wirkt Fernsehen stabilisierend. Und ist insofern im Besitz struktureller Gewalt. Dabei könnte es über die analytischen Mittel verfügen, etwa die Bereiche personaler und struktureller Gewalt den Zuschauern als solche zu vermitteln. Gelänge dies, könnte auch Fernsehen zu einer Weiterentwicklung dieser Gesellschaft beitragen, in unserem Zusammenhang zu einer friedvolleren, das bedeutet zu emanzipatorischem und kommunikativem Gesellschaftsverhalten.

3.4 Zusammenfassende Überlegungen

Hiermit soll die Reihe der Beispiele abgeschlossen werden. Es konnte bei den Fernsehnachrichten und den Serien des Werberahmens gezeigt werden, wie mit Hilfe des Strukturschemas Programmbeiträge analysiert werden können. Zudem wurde versucht, durch die Formulierung von Lernzielen, einer oder mehreren Unterrichtsreihen Hilfestellung zu leisten, indem so Wesentliches hervorgehoben wurde. Deutlich wurde, daß es darauf ankommen muß, Wiederholungselemente vom übrigen Kontext zu isolieren und auf ihre Aussagekraft hin zu überprüfen. Darüber hinaus sollte aber auch gefragt werden nach den dahinter stehenden ideologischen Intentionen und Begründungen, die nur selten als solche formuliert werden und die in aller Regel kommunikativen Bestrebungen entgegengesetzt sind.

In den drei letzten Beispielen sollten weitere Einsatzmöglichkeiten allgemeiner Fernsehbeiträge im Unterricht skizzenartig vorgestellt

werden. Dabei ging es einmal um einen begrenzten Lebensbereich:
die Arbeitswelt; zum anderen um die Darstellung einer bestimmten
Personengruppe und sie betreffender Fragen: die Frauen. In einem
weiteren Beispiel wurden die Möglichkeiten des Fernsehens für
eine bestimmte Unterrichtsreihe thematischer Art angerissen: die
Erziehung zum Frieden.

Diese Beispiele lassen sich nicht nur vertiefen und weiter ausbauen, sie stehen auch stellvertretend für andere, verwandte Gruppen oder Themenstellungen: so lassen sich im ersten Fall auch die
Darstellung des Freizeitbereiches oder Differenzierungen des Arbeitsbereiches im Unterricht untersuchen; im zweiten Fall kann
die Beobachtung der Darstellung der ausländischen Arbeitnehmer
unternommen werden oder die Fragen, die Jugendliche oder Behinderte betreffen. Im letzten Fall bieten sich thematische Bereiche
an wie Sprachformen und Fachsprachen, Interviewtechniken oder Formen der Wort-Musik-Bild-Kombination.

4. FERNSEHKUNDE UND VIDEOTECHNIK

Bereits mehrfach wurde angedeutet, daß die Kenntnisse, die in einer Fernsehkunde erworben werden können und erworben werden sollten, gerade auch auf die Praxis bezogen sind. Nun bedeutet dieser Tranfer kognitiv erarbeiteter Fähigkeit in diesem Bereich zweierlei: einmal entsprechende Verhaltensweisen dem Medium Fernsehen gegenüber, zum anderen aber auch, sich mit den Mitteln des Fernsehens durch die Videotechnik vertraut zu machen und den Versuch zu unternehmen, sich mit Hilfe dieser Hilfs- und Gestaltungsmittel auszudrücken. Also nicht nur kritischer Konsum, sondern auch kritische Praxis infolge der Analyse der Hintergründe und Ursachen der Produktionsformen und -inhalte von Fernsehprogrammen.

So ist die hier entwickelte Fernsehkunde nicht zu trennen vom aktiven und gestaltenden Gebrauch des Mediums. Emanzipatorische Medienpraxis geht dann davon aus, den Lernenden auch in die Verfügungskompetenz und Verfügungsentscheidung über die Medien, hier über Fernsehen, zu versetzen. (s. A.Diel, 1974a, S.272) Das bedeutet, Medienpraxis darf nicht nur am Ende gleichsam als Erfolgskontrolle stehen, sondern ist zugleich von Beginn an als Möglichkeit zu sehen, Erfahrungen mit Medien zu machen und diese Erfahrungen auf die Konsumpraxis zu übertragen.

Dies läßt sich, erinnert man sich an die beiden ausgeführten Beispiele, vor allem dann verwirklichen, versucht man die, als methodischen Hinweise verstandenen, Rollenspiele mit Hilfe der Videotechnik aufzuzeichnen. Hier kann dann eigenes, spielerisches Verhalten und die Art der fernsehmäßigen Aufzeichnung mit ihrem Verfremdungseffekt dazu dienen, Verhalten und seine Wirkung im Medium kritisch zu überprüfen. Dann wird man auch zu der Erkenntnis gelangen, "daß eine Aufzeichnung niemals die 'richtige', die 'normale', die 'einzig mögliche' sein kann, sondern immer subjektive Handschrift erkennen läßt. Die Authentizität ist relativiert, der Glaube an sie erschüttert." (P.Uhlig, 1974, S.206) Damit ist aber schon der letzte Schritt dessen getan, was mit einer Videoeinrichtung erreichbar ist.

Versteht man unter Video zunächst die Möglichkeit, Fernsehsendungen aufzuzeichnen und beliebig oft abzuspielen und bildweise analysieren zu können, so vermag diese Technik darüber hinaus noch weiteres zu leisten: Video ist dann auch "ein Mittel der Selbsterkenntnis und der Selbstbestimmung für Einzelne und für Gruppen. Aber es ist auch ein Kommunikationsmittel, mit dem die Gruppen, die gerade solche Erkenntnisse gefunden haben, sie anderen vermitteln können." (H.Schuhmacher, 1976, S.123) Betrachten wir die verschiedenen Möglichkeiten der Videotechnik genauer: [1]

Mit dieser technischen Einrichtung lassen sich Fernsehprogramme oder Teile davon aufzeichnen und speichern. Das gewährt eine gewisse Unabhängigkeit vom Zeitpunkt der eigentlichen Ausstrahlung und von der zeitlichen Abfolge bestimmter Sendungen. Es versetzt

---

[1] Hintergrund dieser Ausführungen bildet das Seminarmodell der Landeszentrale für politische Bildung von Baden-Württemberg, auch vorgestellt bei P.Uhlig, 1974

beispielsweise den Lehrer in die Lage, Programmbeiträge zu archivieren und sie entsprechend seinen Bedürfnissen und denen seiner Schüler abzurufen. Er ist dabei auf keinerlei Programmschema angewiesen. Diese Technik versetzt ihn zudem in die Lage, solche Beiträge aus analytischen und anderen Gründen mehrmals anzusehen. Der flüchtige Eindruck, den Fernsehen ansonsten vermittelt, wird so neutralisiert. Dies kann soweit gehen, daß mittels dieser Technik Einzelbilder betrachtet und analysiert werden können.

Übertragen auf die früher ausgeführten Beispiele bedeutet dies, daß mit den Schülern eine Nachrichtensendung "zerlegt" werden kann, daß so die einzelnen Strukturelemente voneinander isoliert und auf ihren Aussagewert hin überprüft werden können. Gerade die Hintergrundillustrationen der Tagesschau können auf diese Weise in ihrem Wert bestimmt werden. Die Einzelbildanalyse erlaubt bei den Serien des Werberahmenprogramms außerdem den Vergleich mit ähnlich aufgebauten Bildern der Werbespots, und lassen so den Nachweis einer weitgehenden Stereotypisierung und Funktionalisierung zu.

In einem weiteren Schritt kann die Videotechnik, verfügt man über eine entsprechende Kamera, die Diskussion der Schüler über die Fernsehanalyse aufzeichnen. Die Schüler können hier die Erfahrung machen, vor und hinter der Kamera zu stehen und die entsprechenden Wirkungen beurteilen, beziehungsweise Wirkungen durch entsprechende Kameraführung erzielen. Dabei kommt es zunächst gar nicht darauf an, irgendwelche Perfektion zu erreichen. Vielmehr soll der Schüler durch eigene Praxis die Erfahrung machen, daß mit Hilfe sehr weniger, meist technischer Handgriffe, Wirkungen ganz bestimmter Art erzielt werden können.

Etwa durch die Aufnahme von Diskussionsteilnehmern von unten, von der Seite oder von hinten. Durch den Einsatz des Zoom, der eine gewisse Dynamik auch in eigentlich mehr statische Bilder bringen kann. Erfährt der Schüler aber diese Wirkung als Ergebnis eigener, zumindest aber durchschaubarer handwerklicher Fähigkeiten, so ist er auch in der Lage, Fernsehangebote kritisch zu prüfen, indem er Erfahrungen auf seine Praxis als Konsument überträgt. Er erfährt zudem die Schwierigkeiten, Wirklichkeit medial zu vermitteln und kann die Diskrepanz ermessen, die zwischen "beiden" Wirklichkeiten sich erstreckt.

In einem letzten Schritt schließlich sollte die Videotechnik eingesetzt werden, um eigener Kreativität Ausdruck zu geben, indem Eigenes aufgezeichnet wird. Also etwa die oben schon genannten Rollenspiele, in denen Situationen weiter- oder durchgespielt werden, die dem Schüler aus dem täglichen Erleben, auch vom Bildschirm, bekannt sind. Hier soll er den Versuch unternehmen, eigene Empfindungen und Gedanken durch Bilder dieses Mediums auszudrücken. Er sollte sie vor allem so auszudrücken verstehen, daß auch seine Mitschüler und andere, die an dieser Produktion nicht beteiligt waren, das aufnehmen können, was er ausdrücken will.

Ihm stehen dabei zwei verschiedene Möglichkeiten zur Verfügung: einmal kann er Sendeformen des bestehenden Programms aufnehmen,

verfremden, umarbeiten oder nachahmen. Zum anderen kann er sich
von diesen Vorgegebenheiten freimachen und eigene Ideen und Formen entwickeln. In jedem Fall ist nicht nur seine Fähigkeit gefordert, seine Gedanken in Bilder und Worte so umzusetzen, daß eine
Vermittlung stattfinden kann; er muß zudem in der Lage sein, die
technischen Gegebenheiten seines Mediums so einzusetzen, daß die
diesem eigene Aussagekraft verstärkend oder abschwächend berücksichtigt wird.

Im übrigen wird der Schüler zunächst versuchen, "das große Fernsehen" nachzumachen im Stil der Aufnahme und in der Wortwahl, in
der Gestik und Mimik der Agierenden und in der Wahl der Inhalte.
Aufgabe des Lehrers ist es, dem Schüler seine Wahl bewußt zu machen, die Gründe zu erforschen, die eine bestimmte Wahl beeinflußt haben und den Nachweis verlangen, daß diese Wahl dem zu vermittelnden Inhalt am ehesten gerecht wird. Das bedeutet beispielsweise, wenn die Schüler sich für Straßeninterviews zu einem Thema
entscheiden, daß vorher die Frage beantwortet ist, ob nicht bei
diesem Thema eine Expertenbefragung oder eine Podiumsdiskussion
oder etwa eine kritische Reportage sinnvoller sein könnte. Diese
Fragen zu stellen, so auch zu einer Bewußtmachung beitragend, ist
vordringliche Aufgabe des Lehrers.

Er hat zudem dafür Sorge zu tragen, daß nicht die früher beim Fernsehen kritisch hervorgehobenen Fehler nun mit der Videotechnik wiederholt werden. Dazu bedarf es intensiver Diskussion der Schüler
untereinander und mit dem Lehrer. Dies schafft dann aber außerdem

die Einsicht in die Notwendigkeit der Teamarbeit besonders beim Fernsehen und das Bewußtsein, daß nur solidarisches Handeln zum gesteckten Ziel führt, zumindest, so lange das Ziel in einem emanzipatorischen Mediengebrauch besteht.

Video in der Schule bedeutet dann die Integration eines bisher fremden Mediums in den schulischen Bereich. Von den der Schule bislang bekannten Medien unterscheidet es sich vor allem dadurch, daß es Schülern, Eltern und Lehrern gestattet, damit umzugehen und es zu verändern.

Video in der Schule bedeutet: die Integration von Fernsehen in die soziale Interaktion zwischen den Schülern und zwischen diesen und den Lehrern. Es bedeutet zudem die Aufarbeitung von Inhalten und Formen des Fernsehens, durch Nach-, Weiter- und Neumachen. So kann durch die kritische Aufarbeitung und emanzipatorische Nutzung dieses Mediums Kreativität der Schüler und Lehrer freigesetzt werden, was wiederum Auswirkungen hat auf andere Bereiche schulischen und menschlichen Lebens.

Grundlage dazu, zu emanzipatorischem Mediengebrauch, zu Selbstbestimmung und Selbstverwirklichung des Einzelnen, kann in bescheidenem und begrenztem Rahmen dann auch eine Fernsehkunde leisten.

5. ABKÜRZUNGEN UND LITERATUR

5.1 Abkürzungsverzeichnis

ARD	Arbeitsgemeinschaft der öffentlich-rechtlichen Rundfunkanstalten Deutschlands
AULA	Pädagogische Fachzeitschrift - Arbeitsmittel, Unterrichtshilfen, Lehrmittel, Ausstattungen für alle Bildungs- und Erziehungsstätten; Coburg
Bd.	Band
BMJFG	Bundesministerium für Jugend, Familie und Gesundheit
FK	FUNK-Korrespondenz; Köln
FR	Frankfurter Rundschau; Frankfurt/M.
FuF	Fernsehen und Film; Velber
GewMon	Gewerkschaftliche Monatshefte - Zeitschrift für soziale Theorie und Praxis; Köln
H.	Heft
HG	Herausgeber
JFF	Jugend Film Fernsehen - Zeitschrift für audiovisuelle Medien, Kommunikation und Pädagogik; München
LP	Loccumer Protokolle; Loccum
medium	medium - Zeitschrift für Hörfunk, Fernsehen, Film, Bild, Ton; Frankfurt/M.
NDR	Norddeutscher Rundfunk
PädRund	Pädagogische Rundschau; Ratingen
Parl	Das Parlament; Bonn
Red.	Redaktion
RuF	Rundfunk und Fernsehen - Wissenschaftliche Vierteljahreszeitschrift; Hamburg
SZ	Süddeutsche Zeitung; München
Univ.	Universitas - Zeitschrift für Wissenschaft, Kunst und Literatur; Stuttgart
WDF	Westdeutsches Fernsehen
WDR	Westdeutscher Rundfunk
ZDF	Zweites Deutsches Fernsehen
ZfS	Zeitschrift für Soziologie; Stuttgart

5.2 Literaturverzeichnis

Das Literaturverzeichnis ist alphabetisch nach Autorennamen geordnet. Nach dem Vornamen wird das Erscheinungsjahr der Veröffentlichung angegeben. Handelt es sich um eine höhere Auflage, so wird diese nach der Jahreszahl, durch Punkt abgetrennt, angeführt. (z.B. 4. Auflage in 1972: 1972.4) Sind verschiedene Veröffentlichungen eines Autors innerhalb eines Jahres erfolgt, so werden diese durch Anfügen von a, b oder c usw. gekennzeichnet. Diese Angaben erscheinen auch in der Zitation innerhalb des Textes. Im Literaturverzeichnis folgt nun der Titel und Untertitel der Veröffentlichung sowie gegebenenfalls der Reihentitel mit Bandzahl. Den Abschluß bildet der Verlagsort.

Bei Zeitschriftenveröffentlichungen folgt auf den Kurztitel oder die Abkürzung der Zeitschrift die Jahrgangszahl vor der in Klammer gesetzten Jahreszahl. Bei nicht durchpaginierten Zeitschriften folgt die Heftnummer vor der Angabe der Seitenzahlen.

Bei Veröffentlichungen aus Sammelwerken wird der betreffende Herausgeber, das Jahr der Veröffentlichung und die Seitenzahl angegeben.

Abend, Michael, 1974
    Der Sprecher soll Vermittler sein
    Die Tagesschau will durch Grafiken das politische Geschehen verdeutlichen
    in: SZ, 5.3.1974

Abend, Michael, 1974a
    Die Tagesschau: Zielvorstellungen und Produktionsbedingungen
    in: RuF, 22(1974), S.166-187

Abend, Michael, 1974b
    Das dritte Tutzinger Nachrichtenseminar
    in: RuF, 22(1974), S.214f

Abend, Michael, 1974c
    Nachrichtenredakteure haben mal ihre guten, mal ihre schlechten Tage
    in: Parl, 3o.11. und 14.12.1974

Alst, Theo van (HG), 1972
    Millionenspiele
    Fernsehbetrieb in Deutschland
    München

Aufermann, Jörg/Hans Bohrmann/Rolf Sülzer (HG), 1973
    Gesellschaftliche Kommunikation und Information
    Forschungsrichtungen und Problemstellungen
    Ein Arbeitsbuch zur Massenkommunikation, I und II
    Frankfurt/M.

Baacke, Dieter, 1969
Forderungen an die Pädagogik angesichts des Fernsehens
in: LP, 16(1969), S.46-57

Baacke, Dieter, 1972
Aspekte einer Vermittlung von Kommunikations- und
Erziehungswissenschaft
in: D.Hoffmann/H.Tütken (HG), 1972, S.11-36

Baacke, Dieter, 1975.2
Kommunikation und Kompetenz
Grundlegung einer Didaktik der Kommunikation und ihrer Medien
München

Bavendamm, Dirk, 1974
Inszenierung von Wirklichkeit
Der Verkündigungscharakter muß durch einen Auswahlcharakter
ersetzt werden
in: SZ, 21.3.1974

Berger, Peter L./Thomas Luckmann, 1966
Die gesellschaftliche Konstruktion der Wirklichkeit
Eine Theorie der Wissenssoziologie
Frankfurt/M.

Bismarck, Klaus von, 1964
Fernsehen als Bildungsfaktor
in: Univ., 19(1964), S.737-75o

Bolesch, Cornelia, 1976
Das Phänomen der losen Reihen
in: SZ, 8.1.1976

Borchardt, Johannes/Ole Dunkel/Joachim Stüber/Renate C. Weyde, 1973
Audiovisuelle Medien in der Schule 2
Zur politischen Ökonomie visueller Kommunikation
Ravensburg

Brecht, Bertolt, 1973
Radiotheorie
Gesammelte Werke, Bd.8
Frankfurt/M.

Brocker, Max, 1971
Wie Nachrichten im Fernsehen zustande kommen
in: FuF, 9(1971), H.3, S.6-7

Brugger, Walter (HG), 1976.14
Philosophisches Wörterbuch
Freiburg

Bubenik, Anton, 1973
Zum Beispiel: Fernsehnachrichten
Von der Dienstleistung zur aktiven Kommunikation
in: medium, 3(1973), H.11, S.6-7

Bundesminister für Jugend, Familie und Gesundheit (HG), 1975
Die Darstellung der Frau und die Behandlung von Frauenfragen
im Fernsehen
Eine empirische Untersuchung einer Forschungsgruppe der Universität Münster unter Leitung von Professor Dr. Erich Küchenhoff
Schriftenreihe des BMJFG, Bd.34
Stuttgart

Burrichter, Clemens, 197o
Fernsehen und Demokratie
Zur Theorie und Realität der politischen Information des Fernsehens
Gesellschaft und Kommunikation, Bd.5
Düsseldorf

Claußen, Bernhard, 1973
Medienpädagogik, emanzipatorisch
Thesen zum Diskutieren
in: medium, 3(1973), H.5, S.34-36

Croci, Alfons F./Arnold Fröhlich (HG), 1973
Kommunikationswissenschaftliche Beiträge zur Medienpädagogik
Referate und Diskussionen der Kommunikationswissenschaftlichen
Woche vom 22.-28.7.1973 in Obertauern/Österreich
Zürich

Dahlmüller, Götz/Wulf D. Hund/Helmut Kommer, 1973
Kritik des Fernsehens
Handbuch gegen Manipulation
Darmstadt/Neuwied

Delling, Manfred, 1976
Bonanza & Co.
Fernsehen als Unterhaltung und Politik
Eine kritische Bestandsaufnahme
Reinbek

Diel, Alex (HG), 1974
Kritische Medienpraxis
Ziele - Methoden - Mittel
Untersuchungen über den pädagogischen Einsatz moderner Medien
in den Bereichen: Schule, Berufsausbildung, Jugendfreizeitgestaltung und politische Erwachsenenbildung
Köln

Dräger, Helga/Thomas Heinze/Jürgen Zinnecker, o.J.
Kritische Medientheorien und empirische Analysen als Grundlage
einer kritisch-emanzipatorischen Mediendidaktik
Bildungstechnologisches Zentrum GmbH - Arbeitsgruppe
Curriculum + Sozialwissenschaften, Projekt I, Heft 3
Wiesbaden

Dröge, Franz, 1972
Wissen ohne Bewußtsein
Materialien zur Medienanalyse der Bundesrepublik Deutschland
unter Mitarbeit von Ilse Modelmog
Frankfurt/M.

Ehlen, Peter, 1976
    Artikel: Ideologie
    in: W.Brugger (HG), 1976.14, S.178f

Engelmann, Bernt/Heiner Zametzer, 1974
    Kommunikation und Handeln
    Versuch einer Aktualisierung der soziologisch-anthropologischen
    Dimension einer handlungs- und kommunikationsorientierten
    Mediendidaktik
    Sonderdruck aus JFF, o.S.

Enzensberger, Hans Magnus, 1970
    Baukasten zu einer Theorie der Medien
    in: Kursbuch 20, 1970, S.159-186

Evangelische Konferenz für Kommunikation (HG), 1972
    Der tägliche Sündenfall
    Fernsehen und Werbung
    medium-Dokumentation, Bd.2
    Frankfurt/M.

Faecke, Peter, 1974
    Hier ist das Deutsche Fernsehen mit der Tagesschau
    Hörspiel und Diskussion
    in: K.Schöning (HG), 1974, S.40-63

Festinger, Leon, 1971.4
    Die Lehre von der "kognitiven Dissonanz"
    in: W.Schramm (HG), 1971.4, S.27-38

Fischer, Jürgen/Wolfgang Schill, 1974
    Fernsehen - Wirklichkeit aus zweiter Hand
    in: W.Funke u.a., 1974, S.111-169

Foltin, Hans-Friedrich/Gerd Würzberg, 1975
    Arbeitswelt im Fernsehen
    Versuch einer Programmanalyse
    Köln

Frank, Bernward, 1973
    Tagesablauf und Mediennutzung der jugendlichen und
    erwachsenen Fernsehzuschauer
    in: D.Stolte (HG), 1973, S.67-199

Funke, Wolfgang u.a., 1974
    Thema: Massenmedien
    Comics, Fernsehen, Schallplatten, Kinder- und Schulbücher
    als Unterrichtsgegenstand
    Düsseldorf

Galtung, Johan, 1975
    Strukturelle Gewalt
    Beiträge zur Friedens- und Konfliktforschung
    Reinbek

Geißler, Rainer, 1973
    Massenmedien, Basiskommunikation und Demokratie
    Ansätze zu einer normativ-empirischen Theorie
    Heidelberger Soziologica 13
    Tübingen

Geyer, Michael, 1973
Nachrichten und gesellschaftliche Interessen -
Überlegungen zu einer öffentlich-rechtlichen Misere
in: U.Paetzold/H.Schmidt (HG), 1973, S.77-88

Habermas, Jürgen, 1975.7
Strukturwandel der Öffentlichkeit
Untersuchungen zu einer Kategorie der bürgerlichen Gesellschaft
Neuwied/Berlin

Hagen, Volker von, 1967
Das Verhältnis von Wort und Bild in politischen Fernsehsendungen
in: Chr.Longolius (Red.), 1967, S.95-98

Hickethier, Knut, 1975
Unterhaltung in Fortsetzungen
Fernsehspielserien im Werberahmenprogramm
in: P.v.Rüden (HG), 1975, S.136-168

Hickethier, Knut, 1976
Serienunterhaltung durch Unterhaltungsserien -
Fernsehspielserien im Werberahmenprogramm
in: R.Schwarz (HG), 1976, S.173-222

Hoffmann, Dietrich/Hans Tütken (HG), 1972
Realistische Erziehungswissenschaft
Beiträge zu einer Konzeption
Heinrich Roth zum 65. Geburtstag
Hannover

Holzer, Horst, 1972.2
Gescheiterte Aufklärung?
Politik, Ökonomie und Kommunikation in der Bundes-
republik Deutschland
München

Holzer, Horst, 1973a
Kommunikationssoziologie
Reinbek
bearbeitet zum Teil auch in: J.Aufermann u.a. (HG), 1973, S.526f

Holzer, Horst, 1973b
Technisch-ökonomische Basis und organisatorische Qualität -
Massenkommunikation zwischen Verwertung, Werbung und Struktur-
sicherung
in: A.F.Croci/A.Fröhlich (HG), 1973, S.69-91

Holzer, Horst, 1975
Theorie des Fernsehens
Fernseh-Kommunikation in der Bundesrepublik Deutschland
Hamburg

Holzinger, Lutz/Michael Springer/Jörg Zeller, 1972
Prototypen
Modelle zur Kritik der Massenmedien
Wien/München

Holzinger, Lutz, 1972a
Information als Politik
in: L.Holzinger u.a., 1972, S.26-36

Holzinger, Lutz, 1972b
Information als Show
(aktuelle information im fernsehen)
in: L.Holzinger u.a., 1972, S.37-43

Holzinger, Lutz/Michael Springer/Jörg Zeller, 1973
"Zeit im Bild" - Analyse
Information im Fernsehen
Wien/München

Hunziker, Peter/Martin Kohli/Kurt Lüscher, 1973
Fernsehen im Alltag der Kinder
Eine Voruntersuchung
in: RuF, 21(1973), S.383-4o5

Hunziker, Peter/Kurt Lüscher/Richard Fauser, 1975
Fernsehen im Alltag der Familie
in: RuF, 23(1975), S.284-315

Katz, Anne Rose (HG), 1963
Vierzehn Mutmaßungen über das Fernsehen
Beiträge zu einem aktuellen Thema
Mit einer Einleitung und Kommentaren versehen von J.Kaiser
München

Klaus, Georg/Manfred Buhr (HG), 1972.8
Philosophisches Wörterbuch
Berlin - Ost

Knilli, Friedrich (HG), 1973.2
Die Unterhaltung der deutschen Fernsehfamilie
Ideologiekritische Kurzanalysen von Serien
München

Knilli, Friedrich, 1973.2a
Die heilige Fernsehfamilie: eine Konsumgemeinschaft
in: F.Knilli (HG), 1973.2, S.19-28

Kob, Janpeter, 1964
Zur Soziologie des Fernsehens
in: H.-D.Ortlieb (HG), 1964, S.2oo-2o9

Kohli, Martin, 1976
Die Bedeutung der Rezeptionssituation für das
Verständnis eines Fernsehfilms durch Kinder
in: ZfS, 5(1976), S.38-51

Kraft, Jörn, 1972
Tagesshow - Nachrichten im Fernsehen
in: medium, 2(1972), H.12, S.12-15

Krauthausen, Robert/Gert Schukies/Franz R. Stuke/Dieter Warstatt, 1972
Vier Autoren meinen: "Kommunikationslehre" statt "Medienerziehung"
in: AULA, 5(1972), S.56-64

Kuby, Erich, 1963
Vertraut der Zuschauer der Fernseh-Information?
in: A.R.Katz (HG), 1963, S.69-74

Kübler, Hans Dieter, 1975
    Unterhaltung und Information im Fernsehen
    Dargestellt am Beispiel der Abendschau in Baden-Württemberg
    Tübingen

Kügelen, Helmut von (Red.), 1975
    Fernseh-geschädigt
    Begründende Literatur zu einem Aufruf, die kleinen Kinder
    vor dem Bildschirm zu schützen
    Studienheft 7, Internationale Vereinigung der Walddorfkindergärten
    Stuttgart

Longolius, Christian (Red.), 1967
    Fernsehen in Deutschland
    Gesellschaftspolitische Aufgaben und Wirkungen eines Mediums
    Mainz

Magnus, Uwe, 1975
    Fremdwörter erschweren das Verständnis
    Ergebnisse einer WDR-Untersuchung über Nachrichtensendungen
    im Hörfunk
    in: FR, 6.11.1975

Maletzke, Gerhard (HG), 1975.2
    Einführung in die Massenkommunikationsforschung
    Berlin

Merkert, Rainald, 1970
    Das Fernsehen und sein dramaturgischer Auftrag
    Zur Diskussion über Programminhalte und Programmstrukturen
    in: FK, Nr.14, 2.4.1970, S.1-4

Müller, C.Wolfgang/Angela Riechert, 1969
    Publizistik und Pädagogik
    Schriftenreihe zur Publizistikwissenschaft 7
    Berlin

Negt, Oskar/Alexander Kluge, 1973.2
    Öffentlichkeit und Erfahrung
    Zur Organisationsanalyse von bürgerlicher und
    proletarischer Öffentlichkeit
    Frankfurt/M.

Netenjakob, Egon, 1973
    Nachrichten im Fernsehen
    in: medium, 3(1973), H.11, S.4-5

Netenjakob, Egon, 1976
    Anatomie der Fernsehserie
    Fernsehmacher untersuchen ihre Produktionsbedingungen
    Mainz

Noelle, Elisabeth, 1960
    Die Wirkung der Massenmedien
    Bericht über den Stand der empirischen Studien
    in: Publizistik, 5(1960), S.532-543

Nordenstrang, Kaarle u.a., 1975
Grundsätze der Nachrichtenvermittlung
in: G.Maletzke (HG), 1975.2, S.1o9-123

Ortlieb, Heinz-Dietrich (HG), 1964
Hamburger Jahrbuch für Wirtschafts- und Gesellschaftpolitik, Nr.9
Tübingen

Otto, Volker u.a., 1974
Materialien zur Arbeit mit Medien
Beispiele für Theorie und Praxis von Unterrichtsmedien
in der Erwachsenenbildung
Grafenau

Paech, Joachim, 1973.2
"Jedermannstraße 11"
in: F.Knilli (HG), 1973.2, S.29-44

Paetzold, Ulrich, 1975
Fernsehnachrichten im politischen System der
Bundesrepublik Deutschland
in: RuF, 22(1975), S.72-84

Paetzold, Ulrich/Hendrik Schmidt (HG), 1973
Solidarität gegen Abhängigkeit
Auf dem Wege zu einer Mediengewerkschaft
Darmstadt/Neuwied

Pehlke, Michael, 1973.2
"High Chaparral"
in: F.Knilli (HG), 1973.2, S.67-94

Prager, Gerhard, 1974
Sechs anfechtbare Thesen zur Problematik der Fernsehserie
in: Das Fernsehspiel im ZDF, H.4/1974, S.2

Radtke, Michael, 1975
Am besten nichts Neues
Warum das Fernsehen aus Bonn so schlecht informiert
und unkritisch berichtet
in: Der Stern, 13.11.1975, S.133-138

Rager, Günther, 1971
Politische Information im Fernsehen
in: Kürbiskern, 1971, S.461-472

Reiche, Hans-Joachim, 1967
Veteran auf dem Bildschirm
Fünfzehn Jahre Tagesschau
in: Chr.Longolius (Red.), 1967, S.117-121

Renckstorf, Karsten, 1976
Zur Wirkung von Darstellungsformen in Fernsehnachrichten
in: RuF, 24(1976), S.379-385

Renckstorf, Karsten, 1976a
Nachrichtensendungen im Fernsehen - Schlußbericht
Hamburg

Richter, Klaus/Gerhard Schatzdorfer, 1973
    Zur Ästhetik des Fernsehens
    in: JFF, 17(1973), S.132-142

Rieger, Wolfgang, 1970
    Fluchtburgen vor der Wirklichkeit
    Politisches Bewußtsein und Trivialliteratur
    in: Die Zeit, 17.4.1970

Röhrs, Hermann, 1966
    Bildungsmöglichkeiten des Fernsehens
    in: PädRund, 20(1966), S.271-284

Rölz, Josef, 1972
    Serien - Im Dutzend billiger
    Anmerkungen zu einer Programmform
    in: Th.v.Alst (HG), 1972, S.110-118

Rüden, Peter von (HG), 1975
    Das Fernsehspiel - Möglichkeiten und Grenzen
    München

Schättle, Horst, 1974
    Der Redakteur löst den Sprecher ab
    Das ZDF will in der "heute"-Sendung eine offiziöse
    Darbietung von Sachverhalten vermeiden
    in: SZ, 6.3.1974

Schatz, Heribert, 1972
    "Tagesschau" und "heute" - Politisierung des Unpolitischen?
    in: R.Zoll (HG), 1972.2, S.109-123

Schmid-Ospach, Michael, 1973
    Vorschule für Konsumenten - die Mainzelmännchen
    das "ungeheuer erfolgreiche" ZDF-Vehikel für die Werbung
    in: medium, 3(1973), H.2, S.2-3

Schöning, Klaus (HG), 1974
    Neues Hörspiel O-Ton
    Der Konsument als Produzent
    Versuche, Arbeitsberichte

Schramm, Wilbur (HG), 1971.4
    Grundfragen der Kommunikationsforschung
    München

Schumacher, Herbert, 1976
    Wo Fernsehen aufhört, fängt Video an
    Darmstadt

Schulz, Rolf, 1967
    Politische Bildung - aber in netter Form
    Ein Vorschlag zur Praxis demokratischer Bewußtseinsbildung
    in: Chr.Longolius (Red.), 1967, S.191-202

Schulz, Winfried, 1976
    Die Konstruktion von Realität in den Nachrichtenmedien
    Analyse der aktuellen Berichterstattung
    Freiburg/München

Schwarz, Reent (HG), 1976
   Didaktik der Massenkommunikation 2
   Materialien zum Fernsehunterricht
   Unterrichtspraxis, Programmanalysen und Medientheorie
   Stuttgart

Selg, Heribert (HG), 1971
   Zur Aggression verdammt?
   Psychologische Ansätze einer Friedensforschung
   Stuttgart

Selg, Heribert, 1972
   Über Gewaltdarstellungen in Massenmedien
   Eine psychologische Stellungnahme und Erwiderung auf den
   fernseheigenen Bericht zum Thema "Gewalt im Fernsehen"
   in: R.Stefen (HG), 1972, S.11-31

Siebert, Horst, 197o
   Politische Bildung durch Medienerziehung
   in: GewMon, 21(197o), S.549-559

Staab, Joachim, 1974
   Erfahrung mit Serien im Werberahmenprogramm
   in: Das Fernsehspiel im ZDF, H.4/1974, S.1o

Stefen, Rudolf (HG), 1972
   Über massenmediale Gewalt
   Schriftenreihe der Bundesprüfstelle, H.3
   Bonn

Stolte, Dieter (HG), 1973
   Das Fernsehen und sein Publikum
   Studien zum Tagesablauf 197o/71
   Mainz

Stuke, Franz R./Ulla Lerg-Kill/Dietmar Zimmermann, 1972
   Drei Autoren fragen: "Kommunikationslehre" oder Heilslehre?
   in: AULA, 5(1972), S.46o-461

Sturm, Hertha/Ruth von Haebler/Reinhard Hehnreich, 1972
   Medienspezifische Lerneffekte
   Eine empirische Studie zu Wirkungen von Fernsehen und Rundfunk
   Schriftenreihe des Int. Zentralinstituts für das
   Jugend- und Bildungsfernsehen, H.5
   München

Teichert, Will, 1976
   Warum informieren die aktuellen Informationssendungen so,
   wie sie informieren?
   in: FunkReport, Nr.23, 12.11.1976, S.14-18

Thomas, Michael Wolf, 1976
   Das Genscher-Syndrom oder der Figaro-Effekt
   Die Flut der PR-Stellungnahmen in den Nachrichten
   geht auf Kosten der Information
   in: SZ, 28.1.1976

Uhlig, Peter, 1974
   Fernseherziehung mit dem Video-Recorder
   in: V.Otto u.a., 1974, S.2o3-211

Wagner, Hans, 1975
　　Kommunikationspädagogischer Lernziel-Raster
　　in: Die Jugend (Wien), 1975, S.2-12

Watzlawick, Paul/Janet H. Beavin/Don D. Jackson, 1971
　　Menschliche Kommunikation
　　Formen, Störungen, Paradoxien
　　Bern

Watzlawick, Paul, 1976
　　Wie wirklich ist die Wirklichkeit?
　　Wahn - Täuschung - Verstehen
　　München

Weidinger, Birgit, 1976
　　Ein Schlitzohr und zwei Spurensucher
　　Zweimal Serie im ZDF: nicht immer wird die "Wirklichkeit"
　　getroffen
　　in: SZ, 5.3.1976

Wember, Bernward, 1976
　　Wie informiert das Fernsehen?
　　Ein Indizienbeweis
　　München

Westdeutscher Rundfunk, 1976
　　Tatort: Fernsehen
　　Schulfernsehen WDR "Wer macht das Programm?", 14.1.1976
　　mit Befragungen von: Reinhard Döcke, Dieter Kürten, Michael
　　Leckebusch, Ernst Dieter Lueg, Friedrich Nowottny, Karl Senne
　　und Klaus Dieter Siegloch
　　(private Mitschrift)

Wittek, Bernhard, 1971
　　Optische Stützen oder Krücken?
　　Die Grafiken in der Tagesschau verfehlen oft ihre Wirkung
　　in: SZ, 7.3.1971

Zimmermann, Uwe, 1974
　　Nachrichten im Fernsehen
　　Das Ganze der Vorstellung ist nicht die Vorstellung des Ganzen
　　in: RuF, 22(1974), S.357-378

Zoll, Ralf/Eike Hennig (HG), 1972.2
　　Massenmedien und Meinungsbildung
　　Zum Problem hergestellter Öffentlichkeit
　　Kritik Bd.4
　　Opladen

Aktuelle Schulpädagogik

Julius Klinkhardt
8173 Bad Heilbrunn

WERNER S. NICKLIS (Hrsg.)
Handwörterbuch der Schulpädagogik

2., durchgesehene Auflage 1975. 459 Seiten, 17 Übersichtstafeln, 7 Abbildungen, kartoniert DM 29,80

Mit 350 exemplarisch ausgewählten Leitbegriffen vermittelt das Autorenteam einen vielseitigen und umfassenden Überblick über die Schulpädagogik. Der Aufbau des Werkes erlaubt seine Benutzung als systematisches Studienbuch ebenso wie auch als Nachschlagewerk üblicher Form.

Das Grundkonzept geht davon aus, daß Erziehen und Unterrichten eine Spezialform sozialer Interaktion darstellen und von historischen, soziologischen, juristischen und personalen Rückbindungen nicht ablösbar sind.

Um dem Leser die Benutzung noch weiter zu erleichtern, erfuhr die Neubearbeitung einige inhaltliche Umstellungen.

GERHARD STEINDORF
Einführung in die Schulpädagogik

3., verbesserte Auflage 1976. 320 Seiten, kartoniert DM 22,—

Das Buch sieht seine wesentliche Aufgabe unverändert in einer systematischen Darstellung dieses komplexen Fachgebietes. Inmitten einer nahezu unübersichtlichen Literaturfülle soll der Leser in die Lage versetzt werden, das vielfältige Material zu durchschauen und einzuordnen.

Der Bogen spannt sich von den theoretischen Grundfragen über Interpretationen von Schule bis hin zu praxisbezogenen Grundfragen.

Der Text dieser Auflage ist unter Beibehaltung der Grundkonzeption teilweise ergänzt bzw. neu gefaßt worden, wobei vor allem das Literaturverzeichnis aktualisiert wurde. Einige bisher nur kurz beleuchtete Teilprobleme haben nun eine Präzisierung erfahren.